[艺|术|体|育]
高校学术研究论著丛刊

校园足球可持续发展战略与系统训练研究

徐汝成 著

中国书籍出版社
China Book Press

图书在版编目 (CIP) 数据

校园足球可持续发展战略与系统训练研究 / 徐汝成著. —
北京 : 中国书籍出版社, 2019.5
ISBN 978-7-5068-6706-1

Ⅰ. ①校… Ⅱ. ①徐… Ⅲ. ①足球运动 – 教学研究 –
中学 Ⅳ. ① G633.962

中国版本图书馆 CIP 数据核字（2019）第 088184 号

校园足球可持续发展战略与系统训练研究

徐汝成 著

丛书策划	谭 鹏 武 斌
责任编辑	尹 浩
责任印制	孙马飞 马 芝
封面设计	东方美迪
出版发行	中国书籍出版社
地 址	北京市丰台区三路居路 97 号（邮编：100073）
电 话	（010）52257143（总编室）（010）52257140（发行部）
电子邮箱	eo@chinabp.com.cn
经 销	全国新华书店
印 刷	三河市铭浩彩色印装有限公司
开 本	710 毫米 ×1000 毫米 1/16
印 张	15
字 数	194 千字
版 次	2019 年 9 月第 1 版 2019 年 9 月第 1 次印刷
书 号	ISBN 978-7-5068-6706-1
定 价	70.00 元

版权所有 翻印必究

目 录

第一章　校园足球发展形势分析……………………………… 1
　　第一节　我国校园足球教学设施现状…………………… 1
　　第二节　我国校园足球教学与训练现状………………… 3
　　第三节　我国校园足球师资力量现状…………………… 14
　　第四节　我国校园足球发展的政策与文件……………… 19
第二章　校园足球可持续发展战略探讨……………………… 26
　　第一节　校园足球可持续发展的 SWOT 分析 ………… 26
　　第二节　校园足球可持续发展的理论基础……………… 32
　　第三节　校园足球可持续发展战略及其制定…………… 41
　　第四节　促进校园足球可持续发展的途径……………… 52
第三章　校园足球教学与训练体系的构建与发展…………… 59
　　第一节　校园足球教学与训练的学科理论基础………… 59
　　第二节　校园足球教学计划的制定与实施……………… 82
　　第三节　校园足球训练计划的制定与实施……………… 86
第四章　校园足球指导员培训体系的建设与发展…………… 91
　　第一节　校园足球指导员培训体系的构成……………… 91
　　第二节　校园足球指导员培训教程的制定……………… 99
　　第三节　校园足球指导员培训计划的制定与实施…… 102
　　第四节　校园足球指导员培训体系建设策略………… 109
第五章　校园足球后备人才培养与管理…………………… 114
　　第一节　校园足球后备人才竞技能力结构分析……… 114

  第二节 校园足球后备人才的选拔与培养……………… 121
  第三节 校园足球后备人才培养的全面质量管理…… 135

第六章 校园足球系统训练理论与方法研究……………… 142
  第一节 校园足球系统训练的基本原理……………… 142
  第二节 校园足球训练课的结构与组织……………… 145
  第三节 校园足球系统训练的原则与方法…………… 149
  第四节 校园足球训练课的科学设计………………… 155

第七章 校园足球体能、心理与智能系统训练研究……… 164
  第一节 体能系统训练………………………………… 164
  第二节 心理系统训练………………………………… 167
  第三节 智能系统训练………………………………… 173

第八章 校园足球运动员系统训练研究…………………… 179
  第一节 校园足球技战术系统原理…………………… 179
  第二节 校园足球运动员各阶段训练………………… 183
  第三节 校园足球运动员个人训练…………………… 191
  第四节 校园足球运动员小组训练…………………… 196
  第五节 校园足球运动员游戏训练…………………… 202

参考文献……………………………………………………… 232

第一章 校园足球发展形势分析

校园足球不仅承担着促进学生身体素质发展与运动技能提高的责任,同时,它也是选拔和培养高素质足球后备人才的重要阵地。可以说,世界上的足球强国其校园足球发展水平一般都非常高,很多出色的足球运动员都来自学校。因此,分析当前校园足球发展形势,对如何采取有针对性的措施促进校园足球的发展具有重要的意义。

第一节 我国校园足球教学设施现状

要保证足球教学的质量,首先就要有一个良好的足球场地。校园足球运动的开展对教学硬件设施有着很高的要求,如果足球场地、器材、设备等不合格,将直接影响到足球运动训练或比赛的进行,不仅很容易导致运动损伤的发生,而且也不利于校园足球运动的健康发展。

目前,我国对于校园足球运动的开展高度重视,国家体育总局对于校园足球运动的资金投入也在不断增加。尽管如此,我国当前的校园足球软硬件设施还存在着诸多问题,下面主要分析校园足球教学中足球场地与足球器材这两个方面的问题。

一、校园足球场地现状

当前,据调查发现,在我国各级学校之中,普遍存在着足球场地缺乏的问题。总体来看,我国校园足球场地比较有限,其中大部分集中于高校中,中小学校则比较缺乏,很多学校甚至没有正规标准的足球场地,这种情况在我国各省市学校中比较常见。具体来看,大部分中小学的足球场地大都与其他运动设施相混合,足球训练器材与设备比较陈旧,这在很大程度上制约着校园足球运动水平的提升,因此改善当前校园足球场地设施状况就显得越发重要。

目前,我国只有很少的学校拥有专业、正规的大型足球场地。据粗略调查统计,北京市大约有接近100个足球场地是对外开放的,其中,中小学场地只有11个,其余的大部分都属于高校;广州市大约有50个左右足球场地对外开放,其中中小学场地大约有10个。当然,出于安全因素考虑,中小学足球场地对外开放率较低,但是相关部门及学校应该进一步商讨安全问题如何解决,然后逐步增加足球场地建设的经费。我国开展校园足球中可用的资金与土地资源等都非常有限,新建足球场地存在着较大的阻力,在建设足球场地的过程中,不仅要耗费大量的财力与物力,同时还涉及行政审批和基础配套设施建设等相关问题,这些都严重影响和制约着校园足球场地的建设。

随着我国社会生产力的逐步提高,人们的观念和意识也在逐步变化和提高,人们对足球场地的需求已然不能满足,在这样的形势下,土地资源的价格也会不断上涨,运动场地短缺成为制约和影响我国校园足球发展的重要因素,因此要给予高度重视。

二、校园足球器材与设施现状

据调查发现,目前我国大部分学校的足球训练器材一般比较完善,基本上能满足学生上课和训练的要求,这有效保证了校园足球教学与训练的顺利进行。总体来看,我国校园足球在硬件设施方面已达到一定的标准,为校园足球教学与训练活动的进行奠定了必要的物质基础。尽管如此,要想进一步促进校园足球运动

的发展,学校相关部门还要继续加强校园足球的器材与设施建设,应做到以下两方面要求:

一方面,在校园足球运动发展的过程中,学校相关部门及领导要革新思想,重视足球运动的发展,加大资金投入力度,进一步完善校园足球器材与设施建设。

另一方面,为满足优秀足球后备人才的训练需求,学校应引进高科技训练设备与仪器,以提高其训练水平,这不仅能为中国足球挖掘和输送高质量的人才,而且能促进校园足球的可持续发展。

第二节 我国校园足球教学与训练现状

一、我国校园足球教学现状

足球运动具有较强的娱乐性和趣味性,受到学生的普遍欢迎,当前在高校中选修足球课的学生非常多。下面重点分析我国校园足球运动的教学现状,以帮助我们更加清晰地认识校园足球运动的发展情况。

(一)教学目标方面

在足球教学中,教学目标非常重要,它起着统领全局的作用。因此,制定一个科学、合理的教学目标是至关重要的。在制定足球教学目标时,体育教师要根据具体的教学实际、学生身心发展规律与特点、学生足球运动水平来确定。据调查表明,当前我国学校的足球教学目标存在着一定的差异,但具体来看基本上主要包含以下四个方面的要素(表1-1)。

表 1-1 我国部分高校足球教学目标对比

学校名称	教学目标			
	认知目标	技能目标	健身目标	思想教育目标
东南大学	熟悉足球基本原理,掌握足球基础知识	掌握足球运动的基本技战术	促进身体素质的全面发展	培养学生勇敢顽强的拼搏精神,树立终身体育观念与意识
河南大学	深刻了解足球运动的内涵,提高赛事欣赏水平,加强安全教育	掌握"三基"以及裁判法	树立"健康第一""终身体育"的思想意识,提高学生综合素质	培养学生顽强的意志品质和团结协作的集体主义精神
中国政法大学	了解足球运动的规律及特点,培养学生对足球运动的兴趣与爱好	学习足球技战术并合理运用;学习足球竞赛规则与裁判法	全面发展和提高学生的身体素质	培养学生良好的体育道德品质,树立集体主义精神
武汉理工大学	使学生基本掌握足球专项的理论知识,学会科学锻炼身体的方法	使学生基本掌握足球专项的基本技战术,并不断提高足球技战术修养,基本具备足球的竞赛组织及临场裁判工作能力	全面提高学生身体素质,增强体质,培养学生自我锻炼能力	培养学生团结协作精神和勇猛顽强的优良品质,树立正确的体育观,养成终身体育锻炼的好习惯
大连理工大学	了解足球发展情况;熟悉与掌握足球竞赛规则及裁判法	掌握足球基本知识、技战术,培养实践能力	在实践中全面发展大学生身体素质	培养学生吃苦耐劳、勇敢顽强的意志品质和集体主义精神、创新意识

通过以上对学校足球教学目标的分析,我们可以发现我国校园足球在教学目标制定方面主要存在以下几个方面的问题:

1. 教学目标不够系统

一个系统而全面的足球教学目标能为校园足球的发展指明方向,而当前我国校园足球的教学目标与校园公共体育课教学的目标并不一致,存在诸多问题,如教学目标较为单一,涉及的内容较少,欠缺与运动医学、运动心理学等学科之间的联系,仅仅将足球教学划分为知识传授、技能传授、锻炼身体和思想品质培养四个方面,导致足球教学目标不够系统和完善。

2. 教学目标不够明确

据调查发现，当前我国校园足球教学目标不甚明确，这具体表现在两个方面：一方面，没有对校园足球的教学目标做具体的说明，没有明确指明足球教学的结果，导致在教学过程中师生双方无法顺利沟通与交流，影响了足球教学目标的实现；另一方面，对校园足球教学目标缺乏指标性描述，没有明确的指标来判断教学目标是否完成，致使教学目标的指导作用微乎其微。

3. 忽视终身体育教育

增强学生身体素质，提高学生运动技能，培养学生终身体育意识是我国学校体育教育的重要目标。在这一总体目标的指导下，校园足球教学能很好地将国家意志、教学理念等融入教学实际之中，更加突出足球运动的专项特点，有利于培养学生身体素质，提高学生足球水平。

当前，我国大部分学校足球教学都非常强调足球基础理论与技战术教学，这两个方面在足球教学内容中占据着绝大部分，而缺乏对学生学习意识与学习态度的培养。另外，一些学校为了提高自身的知名度，过分强调足球运动中的竞技成分，而忽视了学生身心健康的发展，这就导致不能很好地落实对学生终身体育教育意识的培养。校园足球不仅仅是对学生足球运动技能的培养，还涉及育人等方面，这一点需要学校相关部门给予高度重视。

（二）教学方法方面

教学方法主要包括教师的"教法"与学生的"学法"两个方面，这里重点对当前我国校园足球教学中教师的"教法"进行分析。当前，我国校园足球教学方法主要存在以下几个方面的问题：

1. 教学方法相对单一

在校园足球教学中选择教学方法时，应结合具体的教学实际和学生特点及运动水平进行。教学方法的选择要有助于学生足球技能与运动水平的提升,同时,还要满足学生的娱乐需求,这样才能充分激发学生学习的积极性,树立学习足球的自信心,提高主动学习的意识,从而提高教学质量和效果。

当前,我国校园足球在教学方法方面普遍存在着单一性的情况,这主要体现在两个方面:一方面,在具体的足球教学中,教师注重理论讲解而忽视了分析法、对比法、程序教学法等的使用,导致学生不能很好地实现学习目标;另一方面,学生之间存在着较大的差异,其学习需求也不同。而在实际教学过程中,体育教师所选择的教学方法普遍缺乏针对性,没有注重学生的个体差异,不能做到因材施教,致使难以获得理想的教学效果。

2. 教学方法比较落后

当前,我国校园足球教学还普遍存在着教学方法落后且缺乏创新的问题,教学方法的落后和不科学直接导致了课堂气氛不热烈,学生的学习兴趣不高等现象,这严重影响到足球教学质量的提高。

当前,我国大部分学校在足球教学中采用的仍然是传统教学方法。传统的教学方法虽然在一定程度上促进了教学质量的提高,但是在很大程度上忽视了学生的主体地位,导致教学过程乏善可陈,缺乏生机。另外,我国现行的教学监督与管理机制也在一定程度上制约了校园足球教学方法的改进与创新,体育教师不愿意花费过多的时间在教学方法的创新上,加之受传统教学观念的影响,大多数学校都优先安排专选课的教学,以致足球教学中很少使用多媒体等先进教学手段,在这样的情况下,体育教师不得不选择传统教学方法进行教学,这种现象不容乐观。

3. 对教学的育人功能不够重视

总体来看,校园足球教学的主要目标是增强学生体质,提高足球运动技能。而要想实现足球教学的目标,首先就要激发学生学习的积极性和兴趣,充分发挥足球的育人功能。

目前,我国的中小学校园足球运动多以课外形式开展,而高校足球教学则是以选项课的形式开展。我国校园足球的教学思想则主要以培养学生的竞技能力为主,教学内容的选择不甚明确;教学定位不清晰,目标体系不完备,教学改革的指导方向也不明确。很多教师只重视教学任务的完成而忽略了学生本身的教育,足球教学的育人功能没有得到良好的发挥,在这样的校园足球教学环境中,其教学质量是难以获得很大提高的。

（三）教学内容方面

据调查发现,我国校园足球教学内容主要包括理论教学与实践教学两个部分(以高校足球教学为例,表1-2)。

表1-2　我国部分高校足球教学内容对比

学校名称	足球理论教学	足球实践教学	
		足球技术教学	足球战术教学
首都师范大学	足球概况；技战术分类；各位置职责及打法；足球规则与裁判法；比赛阵型；损伤预防与处理；比赛的组织与编排	颠、推、拉、拨球；假动作、摆脱、跑位、选位、盯人；踢、停、运、顶球；掷界外球、抢截球等	踢墙式二过一、回传反切、个人进攻战术、多人配合、局部攻防
中国政法大学	足球发展简史与概论；足球规则及裁判法；足球技战术理论；竞赛的组织编排；足球欣赏	颠球、踩球、踢球、停球、掷界外球、头顶球、运球、射门、抢截球、铲球；假动作、守门员技术	二过一；比赛阵型；不同位置队员的主要职责及相互配合；局部防守战术、定位球攻防战术
北京航空航天大学	体育锻炼理论知识；足球基本理论及规则	传接球、运球、头顶球、停球、射门	边路、中路进攻战术；二过一；半场攻防
东南大学	足球运动概述；足球竞赛规则；组织与编排方法	传接球、运球、各部位停球、原地头顶球、定位球踢远、抢截球	个人战术、二人战术

续表

学校名称	足球理论教学	足球实践教学	
		足球技术教学	足球战术教学
河南大学	足球运动发展概况；足球规则与裁判法；基本知识、技术、战术简介	各种踢球、停球方法；守门员技术；身体素质训练，包括快速跑、变速跑、往返跑、纵跳、跨跳、协调性、柔韧素质	个人战术、局部战术、整体战术
武汉理工大学	足球发展概述；足球技战术分析；足球竞赛组织；足球规则与裁判法	颠球、踢球、停球、运球、头顶球、抢截球、掷界外球、铲球；合理冲撞、假动作；守门员技术；身体素质	摆脱与接应；二过一；边路进攻、中路进攻；造越位、反越位；定位球
大连理工大学	足球发展概况、规则、进攻和防守理念	踢、停、运、传、控球；专项身体素质	两、三人的攻防配合，整体攻防战术

通过表1-2可以发现，当前我国校园足球教学内容主要存在以下几个问题：

1. 教学内容的目的性不强

校园足球教学的主要目的是让学生了解和掌握足球基本理论与知识，增强身体素质，提高足球运动技能。总体来看，在我国大部分学校的足球教学中与足球运动有关的基本理论知识、技战术等都有所涉及，内容可以说是比较丰富的，但是目的性有所欠缺，只重视足球教学的形式而忽略了本身内容质量的提高，这对于学生运动水平的提高和校园足球运动的发展都是非常不利的。

2. 教学内容的趣味性不足

总体来看，当前我国校园足球教学内容的专业性、竞技性较强而趣味性、娱乐性明显不足。同时，技战术在足球课堂教学中占据绝大部分的时间，关于竞赛组织、竞赛规则、球场动态等一些内容则占用时间较少。从总体上来说，我国当前校园足球教学内容往往与学生的生活、终身体育意识相脱离，教学内容与教学形式都比较陈旧和古板,足球运动技能教学也欠缺必要的创新,这种教学现状与现代教育背景下所倡导的体育教学理念是不符的,需要今后做出必要的改进。

3. 教学内容的教学顺序不合理

在当前的校园足球教学中,大多数体育教师都会严格按照教科书章节的顺序进行教学,通常情况下,理论—技术—战术是基本的顺序和步骤,这种将技战术教学截然分开的教学方式虽然能使学生对教学内容有一个清晰的了解,但也存在着一定的弊端:一方面,技战术完全割裂的这种教学安排无法体现足球技战术内容之间的内在联系,不能很好地再现与联系实际足球比赛的情景,不利于学生的足球实践学习;另一方面,技战术教学的这种安排会在一定程度上打击学生学习的积极性,学生体验不到足球运动的乐趣,从而产生厌学的情绪,这对于足球教学质量的提高是非常不利的。

4. 教学内容与教学组织不搭配

在足球教学中,应使学生充分理解足球运动的技战术,并深刻贯彻终身体育的理念。但是目前来看,我国校园足球的技战术应用是适用于专业足球运动员的,与学生的现实情况存在着一定的差距。在校园足球教学中,足球教学课时安排比较少,大多数学校一周只有一次教学课,将专业足球运动员技战术训练方法安排到校园足球教学中并不合理,这会严重打击学生学习的积极性。

5. 教学内容与教学对象不相符

对于专业足球运动员而言,他们参加的是职业化足球,足球训练是他们日常生活的一部分,而当出现新的技战术时,他们也需要一定的时间和刻苦的训练才能熟练掌握。而在校园足球的教学实践中,教学对象为非体育专业学生,受身体素质和运动能力的影响,他们不可能在短时间内掌握技战术教学内容,教师那种直接将竞技体育运动员所学习的技战术拿来当作教学内容的做法是不可取的。

（四）教学评价方面

总体来看，当前我国校园足球在教学评价方面还存在着不少问题，如没有建立一个科学、合理的评价体系，并且在具体的贯彻与实施过程中也缺少相应的监督机制。具体而言，我国校园足球教学评价主要存在以下问题：

1. 教学评价方式较为滞后

虽然近年来我国校园足球教育受到政府及学校领导的重视，获得了一定程度的发展，但在某些方面还存在着一定的不足，如在教学评价方式方面，大多数学校的体育教师通常选择一两项足球技术作为考试的内容，根据学生对技术的掌握情况和具体表现给予一定的评分，然后根据学生的上课出勤情况、课堂表现给出相应的印象分，最后将两者相加得出总分。这种教学评价方式虽然有一定的效果，能在一定程度上检测学生的学习效果和质量，但这种评价方式带有一定的主观性与随意性，不能很好地反映客观实际。

2. 教学评价结果欠缺科学性

在当前校园足球运动开展过程中，教学评价结果欠缺一定的科学性，不能很好地反映客观教学实际情况，主要反映在下面几个方面：

一方面，在足球教学评价中存在着师生、生生之间不公平的现象。整个教学评价基本上只是针对学生学习足球技术的测试，而没有教师教学活动的检验，这种评价方式不能很好地测试教师的教学能力。而对于学生而言，仅仅依靠一两项技术作为考评的内容难以获得真实的评价结果。因为有些足球运动基础较好的学生很可能在上足球课之前就已经达到了测试的标准而能获得高分，而有些没有接触过足球运动的学生则不能在这些技术考试上获得高分；同时，有些学生擅长足球学习，但对于教师所选择的这两项技术不擅长，因此而不能获得高分。所以，这种评价方式非常不全面，也不科学，评价出的结果也欠缺科学性，不能真实地反映学生的学习效果。

另一方面，当前我国校园足球教学评价手段并不能很好地反映出教学育人的效果，这是目前我国学校体育教学的一个通病。在现行的足球教学评价中，评价的客观性与真实性欠缺，重结果评价，轻过程评价；同时，学生的学习目标、学习态度等也不能在评价过程中得到很好的体现。

总之，当前我国校园足球教学评价普遍存在着评价内容单一、评价形式简单、评价机制不健全等问题，需要体育教师高度重视起来，结合学生的特点和具体教学实际设计一个科学、合理的教学评价体系。

二、我国校园足球训练现状

（一）足球理论方面的建设较为落后

目前，总体来看，我国关于校园足球理论方面的研究还相对落后，校园足球理论体系建设还很不健全，这在一定程度上制约着我国校园足球运动的发展。

据调查，我国关于校园足球运动的研究大都集中在发展现状、常见问题、发展对策、足球竞赛特点等几个方面，并且这几个方面的研究还不够全面和深入。另外，我国关于足球专项训练的研究也有所欠缺，不论是在理论方面还是实践方面，相关的论文和专著都比较少，质量也不高，这需要今后高度重视起来。

（二）足球训练的时间不足

校园足球训练与足球职业队之间存在着较大的差异，二者不能一概而论。从事校园足球训练的学生，首先要学好文化课，文化课在其日常学习与训练中占据着较大的比例,这挤占了大量的足球训练的时间,造成足球训练时间不足,这种情况对于足球训练质量的提高是非常不利的。另外,据调查,当前我国校园足球训练实践中,每节课的训练时间与内容缺少统一、详细的规定,致使学生难以在有限的时间里完成训练任务,训练的质量可想而知。

(三)足球训练的次数有限且多变

总体来看,目前我国绝大多数校园足球的训练次数极为有限,很多学校每周足球训练的次数不超过 5 次,这主要是由于学生的学业压力造成的。这种学训矛盾在我国体育教学中一直普遍存在。因此,如何在保证学生文化课学习的前提下,适当增加足球训练课的时间与次数是一个亟待解决的重要课题。

(四)足球训练系统不够完善

据调查发现,对于高中学生而言,他们的足球技术动作已基本定型,大多数学生都已经形成了自己鲜明的技术风格与特点。在这样的情况下,应重点引导学生足球技术与战术的结合训练,帮助学生树立足球技战术相互配合的思想,这样才能为进入职业足球队做好充分的准备。

足球属于一项团体性运动项目,队友之间只有密切配合,发挥集体的力量才能取得理想的比赛成绩,因此,只有在日常训练中加强系统性的训练才能培养和提高学生的技战术配合能力,才能在正式比赛中形成良好的默契,从而获得比赛胜利。

(五)体能方面的训练没有受到重视

在校园足球训练体系中,体能训练是非常重要的组成部分,它是学生足球运动技战术得以发展和提高的基础,因此,要重视起来。

在校园足球训练中,每名学生的技战术水平都存在着一定的差异,有的学生技战术水平较高,有的则较低,造成这种现象的原因除了学生个人原因外,还在于学校及体育教师没有重视学生的体能训练这一要素,致使学生完成技战术所需要的体能素质不够,二者没有得到同步发展。

同时,在足球比赛中,运动队之间会进行各种素质的比拼,体能素质占据着重要的地位,没有一个良好的体能素质是无法顺利完成比赛的。因此,在校园足球训练中,要高度重视学生的体能训练。

(六)对于足球意识的认识相对片面

在足球运动中,所有的足球技术都是通过机体肌肉运动来完成的,而这些肌肉运动及动作则是在大脑的控制下完成的,因此,可以说机体是足球意识的遵从行为,要想具备良好的足球技术水平,首先就要具备良好的足球意识。因此,在校园足球训练中,还要深刻认识到足球意识的重要性,加强足球意识的训练,提高足球意识水平。

目前,在我国校园足球训练中,绝大部分的体育教师或教练员都没有认识到足球意识的重要性,没有将足球意识作为一项重要的训练内容来抓,这导致很多具有巨大发展潜力的学生运动员没有形成良好的足球意识,这对于其未来的发展是非常不利的。

足球运动员的培养并不是一时一日就能见效的,需要一个长久的过程,校园作为输出足球人才的重要阵地,承担着挖掘和选拔足球后备人才的重要任务,因此,体育教师或教练员在平时的训练中要加强对学生运动员的全面训练,将理论与实践相结合,高度重视学生体能素质、心理素质、技战术素质及足球意识的同步发展,力争构建一个健全和完善的足球训练系统,以切实提高学生的足球运动水平。

第三节　我国校园足球师资力量现状

当前,制约我国校园足球进一步发展的因素有很多,其中师资力量不足是一个非常重要的因素。由于我国校园足球师资队伍建设难以跟上校园足球发展的形势,因而,校园足球的发展受到了很大程度的限制。因此,在未来的发展中,要加强足球师资队伍的建设,正确建立一支高素质的足球教师队伍,这样才能促进校园足球运动的进一步发展。

下面具体分析我国校园足球师资力量的基本现状与存在的问题。

一、师资来源

随着竞技足球运动的高度发展,足球运动在校园中的普及程度越来越高,深受广大学生的欢迎和喜爱,学生参与足球运动的积极性也越来越高,这就亟需高素质的足球教师队伍指导学生参与足球运动学习与训练。但现实情况却是我国校园足球师资没有得到相应的增加,这与校园足球发展的实际不符,不能满足学生学习足球运动的需求。除此之外,一些学校在选拔与聘任足球教师时,并没有按照学校的实际情况进行,这对于学生的足球学习与训练产生了消极的影响。据统计,当前我国校园足球师资主要来源于以下三个方面:

(一)体育院校和师范类体育专业的学生

从体育院校和师范类体育专业毕业的学生是我国校园足球师资力量的重要来源。这一部分人在大学或研究生时期,通常都参加过很多足球训练与竞赛活动,他们普遍拥有丰富的足球理论知识与实践经验,足球技战术水平较高。

(二)足球俱乐部的教练员或运动员(退役)

足球俱乐部教练员或退役运动员也是当前我国足球师资力量的重要来源。这一部分足球教师通常具有较高的足球技战术水平,且有着丰富的比赛经验。在足球教学过程中,他们能充分运用自身娴熟的技术与实践经验来指导学生参加足球学习与训练,这对于培养优秀的足球后备人才是非常有利的。

目前,很多学校都非常重视这一部分足球师资的引进,其目的是提高本校学生运动员的足球水平,培养高质量的足球后备人才。但是这部分师资还是比较匮乏的,大多只出现在一些具有优秀足球传统文化的学校,其他学校则很少具备。

(三)高校足球队的运动员和相关体育专业的学生

高校足球队的运动员和相关体育专业的学生与第一类师资比较相似,他们一般都拥有丰富的训练和比赛经验,掌握了一定的足球运动技巧,能深刻地认识与掌握足球技战术。此外,这类师资队伍也非常重视足球运动训练技巧的传授,能利用自身知识与能力创新训练方法,灵活处理训练中的各种问题。他们的足球理论知识与技能水平往往比第一类师资更高,深受广大学生的欢迎和喜爱。但需要注意的是,这部分师资普遍学历水平较低,文化素质也不够高,有一部分足球教师甚至没有相关的职业资格证书,这就导致具有高技能水平的运动员无法成为足球教师。

除上述三类师资外,当前,有一部分学校的足球教师并非是足球专业毕业的,而是由其他专业的体育教师来担任足球教师,这些教师没有受过专业的足球培训,其所掌握的足球知识有限,并且技战术水平也不高,足球教学与训练活动的组织与开展欠缺专业性,这对于学生的学习与训练是非常不利的。

二、师资的年龄结构

一名足球教师是否拥有充足的教学经验,一般在年龄上面就能直接反映出来。通常情况下,教学经验丰富的足球教师往往年龄较大,他们能充分了解学生的个性特征、足球需求、足球运动水平等各方面的实际情况,能选择合理的手段与方法对学生因材施教。不过,年龄较大的足球教师也存在一定的缺陷,他们普遍不擅长对足球技战术方法与技巧的传授与创新,与学生的沟通存在一定的问题,学生难以感受教师的亲和力,这不利于足球教学的组织与开展,对于足球教学质量的提高也是不利的。

在我国校园足球教学中,有一部分足球师资主要来源于即将毕业或刚刚毕业的大学生或研究生,这一部分足球教师都比较年轻,都接受过专业的足球教育,拥有丰富的足球训练与比赛经验,并且足球技战术水平也较高,另外,由于年龄较小,与学生之间的隔阂也较少,能很好地与学生沟通与交流,这对于足球教学质量的提高是非常有利的。但需要注意的是,这部分足球教师缺乏一定的教学经验,需要在教学过程中不断完善和积累知识与经验,以提高自身的综合素质。

综上所述,校园足球教师队伍的年龄结构对足球教学质量的影响还是比较大的,需要学校相关部门积极调整学校足球教师的年龄结构,以推动足球教学与校园足球活动的发展。当然,建立一支高素质的足球师资队伍并不是短时间内就可以完成的,需要长期的摸索与发展,但不论如何发展,我国校园足球师资的年轻化发展趋势是不可避免的。

三、师资学历水平

一般情况下,足球教师的学历水平能在很大程度上反映出教师的受教育程度以及专业水平,这是一个非常重要的指标。

第一章 校园足球发展形势分析

衡量一个足球师资队伍的结的构水平,主要是看其是否拥有合理的学历结构,师资学历水平在很大程度上影响着教学水平,另外,足球科研工作也需要教师的学历结构作保证。目前,我国校园足球运动在政策的支持下得到了进一步的发展,足球师资力量也在不断增长,但是与足球发达国家相比,我国仍然处于落后状态,需要今后不断努力。

据调查发现,我国校园足球教师中有很大一部分人的学历是本科以上,这说明我国校园足球教师的综合学历水平还是比较高的。但进一步调查研究发现,虽然大多数足球教师都具有本科学历,但是他们大多都来自体育院校和师范类体育专业,虽然他们文化素质都较高,但普遍没有接受过专业的足球训练,而接受过专业足球训练的足球教师学历又比较低,没有足够的足球教学与科研能力,这严重制约和影响着我国校园足球运动的发展。

四、师资等级和职称

(一)足球教练员的等级

一名足球教师或教练员的水平在很大程度上能通过教练员等级反映出来,这是衡量足球教师或教练员专业水平的一个重要指标。据调查发现,当前我国中小学校园当中的足球教师几乎没有获得职业级和 A 级足球教练员资格证的,这主要是由于通常获得职业级和 A 级的足球教练主要负责成年队的训练工作,负责青少年的非常少甚至没有;没有获得任何足球教练员资格证的占绝大多数,这些足球教练大多数来源于普通高校的毕业生;获得 C 级与 D 级足球教练员资格证的足球教练只占很少的一部分。

(二)师资的运动等级

在中小学校园中,学生几乎没有任何足球基础,在面对这样的教学对象时,足球教师需要有一定的耐心与毅力,为学生做标准的动作示范,对足球动作的重点要进行详细的讲解,语言要通俗易懂,要营造一个良好的足球学习氛围。总的来说,要实现这样的效果,需要足球教师具备较高的足球运动水平,而一名足球教师的足球运动水平能从其足球运动等级中得到反映。

据调查发现,我国中小学校园足球师资的运动等级普遍不高,有很多足球教师甚至没有运动等级,这些足球教师的执教水平往往不能满足足球教学的要求。由此可见,广大的校园足球教师应该努力学习,不断提高自己的业务能力,促进自身运动等级的提高,以满足学生学习足球运动的需求。

(三)足球教师的职称

在校园足球中,足球教师的学历水平、业务水平以及科研能力在其职称结构中能得到一定的反映;足球教师将足球教学实践与经验向足球理论知识转化的能力能够通过其职称结构反映出来;足球教师运用知识指导实践的能力也同样可以从其职称结构中反映出来。因此,一个合理、完善的足球教师职称结构对于校园足球运动的发展具有重要的意义。

当前,与国外足球水平较高的国家相比,我国校园足球教师的职称结构水平还处于中低等阶段,取得初级职称的教师所占的比例大;取得高级职称的教师所占的比例较小。导致这一现状的主要原因在于很多学校的领导没有深刻认识到足球运动的重要性,只重视学校学生的升学率,而忽略了足球教学的发展,这种观念是普遍存在的。所以,在对教师的职称进行评定时,通常主要考虑文化课教师,这使得我国校园足球师资职称总是处于较低水平,这不利于我国足球后备人才的培养与发展,甚至会影响校园足球教学工作的顺利开展。

据调查发现,我国很多地区的校园足球教师的职称评定情况也存在诸多问题,一些足球教师在教学中的表现实际上并没有达到相应的职称要求,而拥有高级职称的足球教师更是比较欠缺。

足球教师的发展与职称之间的关系非常密切,因为教师的工资与职称之间有着密切的关联,职称越高的教师工资水平才高,工资水平高了才能提高生活质量。如果学校不能保证足球教师的基本生活,就会在很大程度上打击教师教学的积极性,给足球教学带来不利影响。因此,在将来的发展中,学校要高度重视足球教师的职称评定工作,加强足球教师的培养与培训,力争培养出一大批高素质的足球教师。

第四节 我国校园足球发展的政策与文件

近年来,我国校园足球运动得到了一定程度的发展,这与党和政府及国家领导人的重视是分不开的。在国家层面,我国陆续发布了一系列关于校园足球发展的政策与文件,而地方政府也纷纷响应号召,出台了一些有利于本地校园足球发展的政策与文件,部分学校亦根据自身情况制定了相关的足球制度,这对于我国校园足球运动的发展具有重要的意义。

一、国家层面关于校园足球发展的政策与文件

国家层面的校园足球政策主要由教育部门联合其他有关部门共同制定,这一层面的政策与文件具有全局性和纲领性的特点,对我国校园足球运动的发展具有重要的导向性作用。

据粗略统计,我国教育部官网发布的有关校园足球的政策主要涉及足球特色学校、足球师资力量培训、校园足球开展情况审核等几个部分的内容。例如,2017年3月,教育部办公厅发布的《关于加强全国青少年校园足球改革试验区、试点县(区)工作的指导意见》中,要求各级学校加强足球的改革,制定校园足球发展策略与规划等。通过对这一文件的解读可以发现,它要求各地区各学校必须要充分发挥足球的育人功能,并遵循人才培养与发展

的基本规律,合理调整现有的足球管理体制,完善激励与评价制度,大力宣传与推广校园足球运动,为学生营造一个良好的足球文化环境。

除教育部颁布的相关政策与文件外,其他部门发布的一些文件也涉及校园足球政策内容。例如,2015年7月,由六个部门共同印发的《关于加快发展青少年校园足球的实施意见》中就涉及校园足球发展的总体要求、关键任务、保障措施和组织领导四个部分,这一政策的主要目的是健全和完善我国校园足球的竞赛制度体系。

2016年国家体育总局印发的《青少年体育"十三五"规划》中指出,要建立一套关于青少年体育服务的相关制度;要完善青少年体育发展水平标准的评价制度;建立完善的评估监督制度体系;建立对校园足球在科技发展和公共服务方面的制度。这些制度是校园足球制度建设的基础,与校园足球的发展有着极为密切的联系。

2017年5月,全国校足办与60个校园足球试点县(区)签订了推动校园足球改革发展的备忘录。这一文件要求全国校足办要建立完善的足球竞赛体系、建设足球特色学校、加强足球师资队伍建设、完善风险防控和保险制度等,这些文件的颁布对于深入推进我国校园足球的改革与发展具有重要的意义。

总之,为保证我国校园足球运动的健康发展,我国政府相关部门都在不断尝试发布相关的政策与文件,为校园足球提供必要的制度保障。近年来,教育部发布的有关校园足球的政策、文件见表1-3。

第一章 校园足球发展形势分析

表 1-3 教育部发布的有关校园足球的政策、文件[①]

文件名称	时间
《关于组织开展中小学校校园足球工作专项调研的通知》	2014年3月17日
《关于做好全国青少年校园足球特色学校及试点县（区）遴选工作的通知》	2014年12月31日
《关于成立全国青少年校园足球工作领导小组的通知》	2015年1月12日
《关于开展全国青少年校园足球骨干师资国家级专项培训的通知》	2015年6月12日
《关于组织开展加快发展青少年校园足球重点督察工作的通知》	2016年4月28日
《关于印发〈全国青少年校园足球教学指南（试行）〉和〈学生足球运动技能等级评定标准（试行）〉的通知》	2016年6月30日
《关于开展2016年全国青少年校园足球骨干师资国家级专项培训的通知》	2016年7月7日
《关于加强全国青少年校园足球改革试验区、试点县（区）工作的指导意见》	2017年2月17日
《关于印发〈全国青少年校园足球工作领导小组第二次会议纪要〉的通知》	2017年3月23日
《关于组织申报聘请校园足球外籍教师支持项目的通知》	2017年3月28日
《关于做好全国青少年校园足球特色学校复核的通知》	2017年5月16日

其他有关部门发布的关于校园足球的政策、文件（部分）见表1-4。

表 1-4 其他有关部门发布的有关校园足球的政策、文件（部分）

文件名称	发布部门	时间
《关于开展全国青少年校园足球活动的通知》	国家体育总局、国家教育部	2009年7月29日
《关于加快发展青少年校园足球的实施意见》	教育部、财政部、发改委、广电总局、体育总局、共青团中央	2015年7月22日
《全民健身计划（2016—2020年）》	国务院	2016年
《中国足球中长期发展规划（2016—2050年）》	发改委、国务院足球改革发展部际联席会议办公室、体育总局、教育部	2016年4月6日
《全国足球场地设施建设规划（2016—2020年）》	中国足球协会	2016年5月10日
《青少年体育"十三五"规划》	国家体育总局	2016年9月8日

[①] 李晨. 我国校园足球制度建设研究 [D]. 陕西师范大学，2018.

二、地方层面关于校园足球发展的政策与文件

与国家层面相对应的是地方层面的政策、文件,地方层面的校园足球政策是地方教育部门及职能部门根据国家制定的足球政策并结合地方实际情况所制定的制度和文件,其具有鲜明的地方特色,能为本地区校园足球的发展提供重要的制度保障。

通过对我国各省、直辖市、自治区教育部门官方网站的统计,能找到一些涉及校园足球发展的制度和文件。这些制度和文件在当地校园足球运动发展的过程中起到了重要的作用。

例如,由陕西省体育局和陕西省教育厅共同发布的《陕西省青少年校园足球活动实施方案》就是一个能有效促进陕西省校园足球运动发展的文件,其中提出要不断改革和完善我国的校园足球四级联赛制度,以联赛为突破口,挖掘与培养高质量的足球后备人才。

2015年,宁夏出台了促进当地校园足球发展的相关政策、文件,内容主要涉及校园足球活动、竞赛制度、教学评价等几个方面。

2016年,北京市教委发布了《加快发展北京市青少年校园足球工作的实施意见(2016—2020年)》,该意见提出将足球课程归入到中小学必修体育课中,并探讨用制度规定的形式将足球项目纳入中考和高中水平测试的体育考试中。

除此之外,新疆还出台了一系列关于校园足球发展的政策文件,提出要建立小、中、大校园足球人才培养机制,建立小、中、大学三级校园足球联盟,以联盟管联赛,并建立与之相关的足球联赛制度。这一制度的建立能为学生运动员营造一个良好的足球训练环境,从而促进校园足球运动的发展。

综上所述,这些有关校园足球发展的政策与文件的发布,对于校园足球的发展是有非常大的帮助的,能为我国校园足球运动的发展提供必要的制度保障,能为我国竞技足球运动培养大量的高素质人才。

第一章　校园足球发展形势分析

三、部分学校关于足球发展的制度

据调查发现,当前我国有很多学校根据国家发布的政策和文件,结合自身的具体实际,运用制度规范来管理校园足球运动,下面主要阐述我国学校层面的相关足球制度。

(一)系统管理制度

以陕西省留坝中学为例,该中学校园足球在陕西省非常有名。早在校园足球概念提出的初期阶段,留坝中学的校长就积极响应国家政策的号召,努力打造富有自身特色的校园足球文化体系。学校在开展足球运动初期也遇到了很多的困难和挫折,如经费不足、场地有限、学生与家长的支持不够等,但由于学校体育部门及领导的坚持以及拥有良好的足球管理制度模式,留坝中学的校园足球运动发展得越来越好,取得了一些令人惊喜的成绩。2014年,经学校体育部门的探讨,组建了足球班,学校给足球班安排最好的老师来任教,帮助学生在进行足球训练的同时,学好文化课知识。此外,学校还聘请专业足球运动员来校执教,组织专业人员结合学校的具体实际编写各年级足球教材,还在班级、校级联赛制度的基础上,完善了全县的系列联赛制度。总体来看,留坝中学校园足球之所以能够获得健康、快速的发展,一个非常重要的原因就是建立了一个相对健全和完善的管理制度体系,在这样的制度化管理下,校园足球各方面都能得到健康、顺利的发展。

(二)学习与训练制度

在学习与训练制度的建设方面,中国人民大学附属中学的三高足球俱乐部是一个典型的例子。"三高",即道德修养高、文化素质高、运动水平高。为保证实现"三高"的目标,该学校在教学方面严格执行体教结合的训练制度,如对学生每天训练的时间做了严格的制度规定;重视学生的文化课学习与考核,如果文化课不合格就会受到一定的处罚;实行教师班级负责监督制,如果学生出现不符合规定的情况,教师也要受到相应的处罚。这种制度的建立在一定程度上促进了学生学习成绩以及足球运动水平的提高。

总体来看,人大附中的训练制度侧重于文化学习和训练的有机结合,在一定程度上解决了学训之间的矛盾。但需要注意的是,真正的训练制度涉及的内容要更加广泛,还需要结合学校的具体实际制定一套更为完善的制度体系。

（三）竞赛制度

竞赛制度的建立对于校园足球运动的发展也具有重要的意义,因此建立一个完善的校园足球竞赛制度体系尤为必要。以浙江省衢州市开化县第一初级中学为例。该校在校园足球这一概念提出之初,学校体育部门就将足球作为学校体育发展的中心,成立了专门的小组来开展足球工作。首先建立足球拓展兴趣小组,各班级成立足球队,从中挑选足球特长生以组建校级足球队。建立足球队后,成立相应的足球联赛机制,形成一个稳定的足球竞赛制度。然后,定时开展校园足球联赛,加强班与班、级与级之间的沟通与交流,在比赛中获得成长与发展。由于该校非常重视足球竞赛方面的制度建设,他们取得了一系列优异的比赛成绩,其校园足球竞赛水平一直在衢州市名列前茅,为其他学校足球运动的发展树立了良好的榜样。

据调查发现,我国大部分学校都制定了相应的校园足球发展制度,但在具体执行的过程中,往往出现"纸上谈兵"的情况,制定的规章制度难以得到有效贯彻与实施,这对于校园足球运动的发展是十分不利的。另外,很多学校的足球制度大同小异,缺少自身的特色,这需要学校相关部门及领导结合本校的具体实际制定与本校情况符合的校园足球制度,以有针对性地促进校园足球运动的发展。但不论怎样,校园足球运动的发展离不开完善、规范的校园足球制度的支持与保障,各级学校理应更加重视校园足球制度体系的建设。

第二章 校园足球可持续发展战略探讨

近年来,在我国政府及领导人的高度重视下,我国教育部门及其他部门相继制定了一系列有关校园足球发展的政策及文件,这为校园足球运动的可持续发展提供了良好的制度保障。校园足球的可持续发展,是指校园足球管理部门为了实现校园足球的健康发展而制定的具有全面性、预见性和本质性的策略与决定。本章就重点探讨我国校园足球可持续发展的战略,为校园足球的发展提供理论依据与保障。

第一节 校园足球可持续发展的SWOT分析

对校园足球的可持续发展进行SWOT分析,能帮助我们认清校园足球运动发展的形势,了解校园足球运动存在的各种问题,以便抓住其发展的机遇,接受挑战,从而促进校园足球的进一步发展。

一、优势分析

(一)足球运动的魅力

足球运动历史悠久,其具有较强的健身性、娱乐性、刺激性,深受广大青少年学生的欢迎和喜爱。据粗略统计,2017年,我国共开展校园足球比赛10万多场次,参赛学生超过351万人次,参赛球队超过 15 万队次,由此可见足球运动在校园中的影响力。足球运动本身具有丰富的内涵和价值,经常参加足球运动,学生可以增强自己的体质,缓解心理压力,调节不良情绪,提升人际交往能力,培养顽强的意志品质,提高团队意识和培养集体主义精神,由此可见,足球运动对学生的促进是全方面的,能有效促进学生综合素质的发展和提高。

(二)国家及政府强有力的支持

近年来,我国校园足球运动得到了快速的发展,这与国家及政府的支持是分不开的。为促进我国校园足球运动的发展,国家体育总局、教育部、中国足球协会等部门相继发布了一系列有利于校园足球发展的政策与文件(第一章有详细阐述),这些政策与文件的制定,为我国校园足球的发展指明了前进的道路。除此之外,国家体育总局及教育部还组织相关专家撰写了足球教学大纲和教材,加强了校园足球专业教师的培训工作,校园足球经费也被纳入各级财政预算。在这样的形势下,各级学校也加强了足球投入力度,为校园足球的发展提供了良好的财力保障。由此可见,国家及政府部门的大力支持对于我国校园足球运动的发展具有重要的意义。

二、劣势分析

(一)硬件建设不足

目前,虽然我国校园足球获得了政府层面以及地方和学校体育部门的大力支持,近年来也获得了一定程度的发展,但受历史发展因素的影响,我国校园足球仍然存在着不少问题,如硬件建设不足就是其中一个重要的问题。目前来看,我国很多学校的足球场地比较匮乏,硬件设施不健全,据粗略统计,仅有很少一部分足球传统学校拥有 11 人制的足球场地,一部分学校甚至在平地上开展足球教学活动,这很容易导致运动损伤,不利于校园足球运动的开展。

无论是足球场地建设还是足球器材、设备等的购置都需要大量的资金投入,而我国各学校在足球资金投入方面还是比较有限的,这就难以推动校园足球的基础设施建设,不利于校园足球的健康发展。

(二)足球师资力量匮乏

近年来,由于国家的高度重视,我国各地方也加大了青少年足球教练员的培训力度,组织与开展了不少青少年足球教练培训班,这在一定程度上促进了足球教师队伍质量的提高,但受时间因素的限制,这些培训班一般培训时间都比较短,而短时间内想提高足球教师的教学与训练水平是不现实的。目前来看,我国很多基层足球教练员并不具备足球专业基础,有一部分甚至是从其他体育专业转行过来的,这部分足球教练员或足球教师普遍缺乏必要的足球理论知识,足球技术水平也不高,难以有效组织与管理足球教学过程,这严重影响到我国校园足球运动的健康发展。因此,要想促进我国校园足球的可持续发展,必须要加强足球师资队伍建设,力争建设一支高素质的足球教师队伍。

(三)竞赛体系不完善

大量的事实表明,校园足球运动的可持续发展离不开健全的足球竞赛体系。据调查,虽然当前我国已经初步建立了一个校园足球发展的四级联赛体系,但这一体系在发展的过程中暴露出不少问题,其主要表现在两个方面:一方面,在足球传统学校与足球非传统学校进行足球比赛时,他们的足球水平存在着较大的差距,比赛后往往出现大比分的现象,这容易打击足球非传统学校学生的参赛积极性,不利于校园足球竞赛活动的开展;另一方面,当前我国青少年校园足球联赛的竞赛周期较短,致使比赛强度较大,这种不符合竞技运动规律的做法很容易导致学生运动员发生运动损伤事故。因此,要想解决这一问题,就必须要建立一个科学和完善的校园足球竞赛体系,以确保校园足球竞赛活动的顺利开展。

(四)区域发展不平衡

我国地大物博,地域之间的经济发展水平存在着较大的差异,受地域经济的影响,我国校园足球也存在着区域发展不平衡的现象,各地区的校园足球呈现出明显的区域性差异,这主要表现在两个方面:一方面,校园足球布局城市之间发展不平衡,主要体现在足球传统城市与足球落后城市之间发展不平衡,东南沿海与中西部内地城市发展不平衡;另一方面,城市定点学校之间的发展不平衡,一般来说,足球传统学校比较重视校园足球的发展,投入的物力、财力和人力也较大,这比较有利于校园足球的发展,而非传统学校则相反,对足球投入较少,校园足球活动的开展举步维艰,难以获得良好的发展。

三、机遇分析

(一)国家、政府的高度重视与支持

自 2009 年以来,我国校园足球运动开始获得快速发展,在这之后,国家和政府部门相继出台了一系列关于校园足球运动发展的政策与文件,为校园足球的发展提供了有力的制度保障。这些政策与文件的制定与颁布为校园足球运动的发展指明了前进的方向,对校园足球具有重要的引导作用,由此可见,国家和政府的高度重视为我国校园足球的发展提供了强有力的后盾,这是我国校园足球发展的一个重要机遇,我们应把握住这一机遇,促进校园足球的快速发展。

（二）我国足球运动长远发展的现实需要

自从我国足球运动进入职业化以来,经过二十多年的发展,其水平上了一个新的台阶,广州恒大俱乐部甚至两夺亚冠联赛冠军,为中国足球争得了荣誉,但总体来看,同欧美足球发达国家,甚至同日韩等周边国家相比,我国足球运动水平仍然处于落后的局面。造成我国足球运动发展滞后的因素是多方面的,其中,青少年后备人才培养不足是一个极为重要的原因。我国足球运动的发展迫切需要青少年足球后备人才的补充,而校园足球活动的开展,则对于我国青少年足球后备人才的培养具有积极的意义。[①]

四、威胁分析

（一）足球发展环境不佳

大量的事实表明,要想促进校园足球运动的健康发展,首先就要有一个良好的足球环境,在良好的足球环境与氛围下,才能激发学生学习足球的兴趣,使其掌握与提高运动技能。自足球联赛职业化改革以来,联赛中出现了太多的负面信息,如赌球、假球、黑哨等,这些负面信息对校园足球运动的发展产生了一定的影响,很多家长认为在这样的环境下从事足球运动的学习与训练不利于孩子的成长,因此,不愿意孩子选择与参加足球运动。另外,我国足球运动水平较低,近年来在世界大赛中取得的战绩不佳,自 2002 年第一次进入男足世界杯决赛圈后,已连续多届无缘参加世界杯。这种现状使得我国足球运动的发展形成了一种恶性循环,对校园足球运动发展的影响也非常大,在这样的大环境下,我国的校园足球运动难以得到健康的发展。

---

① 陈烨青.我国校园足球运动发展的 SWOT 分析[J].体育科技文献通报,2018(8).

第二章　校园足球可持续发展战略探讨

（二）校园足球运动保障机制不健全、完善

当前，我国校园足球运动发展中面临的一个重要问题就是保障机制不够健全和完善。一个合理的保障体系是校园足球健康发展的重要前提和基础，虽然我国针对校园足球专门设立了校园足球运动责任险，并且在《中国足球改革发展总体方案》中也明确提出："完善保险机制，提升校园足球安全保障水平。"但是运动责任险的最高保险金额是50万元，并且仅仅只针对意外伤亡和残疾、精神损害等方面的赔偿，缺少明确的运动风险保障机制。[①] 而大部分的足球发达国家，一般都拥有一个科学和完善的运动保险制度，保险种类较多，能为运动员提供良好的保障。

（三）学校体育优势项目的资源竞争

一般来说，每一所学校都有自己的优势项目，学校领导非常重视这些优势项目的发展，而对于其他相对弱势的项目则无暇顾及，在这样的情况下，不同项目之间必然会展开各种资源的竞争，这突出表现在师资队伍建设与经费投入方面。由于学校领导的重视程度不同，一些运动项目也会被划分为不同的档次，对于一些学校而言，容易获得金牌或是容易取得好成绩的项目，学校领导通常会加大投入对其进行支持，这样势必就会挤压校园足球发展的资源，非常不利于校园足球运动的健康发展。

（四）足球后备人才的"功利性"培养模式

功利心较强的学校领导只重视本校优势项目的发展，不仅如此，为了取得好成绩，还急功近利，片面强调学生的竞技能力，仅选拔与引进高水平的运动员组建球队来参加训练与比赛，这样做虽然会给学校带来一定的荣誉，但却违背了校园足球运动的基本

[①] 贾炳涛，颜乾勇.校园足球可持续发展的SWOT分析与战略构想[J].中国学校体育，2017（3）.

宗旨,校园足球成为只有少数人能参加的活动。从长远和全局来看,这都不利于我国足球运动的可持续发展,也不利于学生的健康成长,因此这种人才培养模式理应被摒弃。

第二节 校园足球可持续发展的理论基础

校园足球的可持续发展需要建立在一定的科学理论基础之上,其中,可持续发展理论、系统科学理论和综合评价理论是最为重要的三个方面。

一、可持续发展理论

早在中国古代社会,朴素的"可持续发展"思想就已存在。发展到现在,可持续发展理念已在全球范围内达成共识,可持续发展思想体系得以建立和形成。

现在,可持续发展理念已深入人心,对社会各个层面及人类的各种行为,都产生了极为重要的影响。目前,工业、农业、第三产业、区域发展、社会文化等多个领域都渗透着可持续发展的理念,从而促进着整个社会的不断发展。

(一)可持续发展理念在不同领域的应用

可持续发展理念有着深刻的内涵,发展到现在,在以下几个领域体现得最为明显:

1. 可持续发展在生态环境领域的应用

可持续发展理念是在一定的背景和缘由下产生的。其中,自然环境的破坏及人们对自然环境的担忧就是一个重要的因素。为了保护自然环境,人们开始细致研究生态环境领域的可持续发展,如生态平衡、环境保护和资源合理利用等,正是在这样的背景和形势下,可持续发展理念得以兴起并发展。

2. *可持续发展在社会发展领域的应用*

在社会发展领域,可持续发展理念的应用主要体现在社会公平、利益均衡等方面。在现代社会背景下,要想实现这两个方面的要求,需要人们孜孜不倦地探索与争取,而可持续发展理念就为其提供了这样一种思路,这种理念也逐渐成为社会发展领域的一个重要判断依据。

3. *可持续发展在经济发展领域的应用*

在经济发展领域,可持续发展理念也得到了广泛的利用。这集中体现在产业结构、区域经济、社会生产力发展等方面。在现代社会高度发展的背景下,在社会经济领域,可持续发展的研究核心应是科学技术对社会经济有何贡献,如何利用现代科学技术使边际效益得到递减或消除。

4. *可持续发展在人类发展领域的应用*

在人类发展领域,可持续发展理念的应用核心主要体现在促进人类全方位发展方面。一般来说,人类的可持续发展主要是人与自然、人与人关系的和谐发展。

(二)可持续发展理论的评价

关于可持续发展的研究,一般来说主要围绕两个方面进行:一方面是可持续发展的概念;另一方面是可持续发展的理念与目标如何实现。而对可持续发展评价的研究则与其概念和目标实现途经的研究有着较大的差异,可持续发展评价的研究主要涉及理论层面与决策层面,是当前一个研究热点与重点。

需要注意的是,可持续发展是一个动态的过程,其理论和实践体系并不是一成不变的,因此,可持续发展的评价结果和评价标准也不是固定不变的,需要结合具体情况进行修正与完善。一般来说,评价可持续发展的步骤如图 2-1 所示。

图 2-1

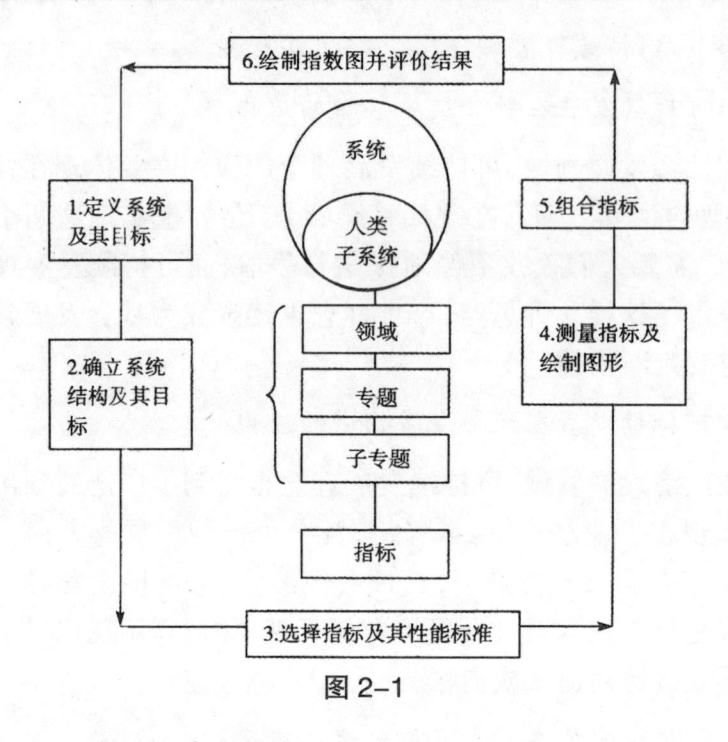

1. 定义系统及其目标

对所要研究的系统组成进行明确辨识,对系统所要实现的可持续发展前景和发展目标要清楚,这在很大程度上影响评价结果的全面性和准确性。

2. 确立系统结构及其目标

一般来说,系统的结构在很大程度上决定着系统的功能。对于社会系统而言,人类社会发展的物质基础主要包括人口、资源、环境、经济和社会等几个方面,这几个方面属于人类社会可持续发展系统的子系统部分,彼此之间发生着密切的联系。通常来说,可以将可持续发展目标分为发展的公平性、发展的持续性和发展的协调性等几个方面。

3. 选择指标及其性能标准

一般情况下,指标可以分为两种类型,一种是单一指标测度方法,另一种是指标体系测度方法。在具体的操作过程中,要根据实际情况选择可靠的指标。而性能标准,则是指各指标需达到的某种标准。

4. 测量指标及绘制图形

在选好指标后,还要进行必要的测量工作,然后以标准为依据来赋分,如此就能绘制出指标的示意图。

5. 组合指标

一般来说,各指标要以赋分为依据,并且按层次向上进行组合,这样,可使指标合成变量层指数,变量层指数合成状态层指数,状态层指数合成子系统指数,子系统指数合成可持续发展指数。

6. 绘制指数图及评价结果

以指数为依据进行形象的描绘,对结果进行评价,并与最终将采取的决策联系起来。

二、系统科学理论

(一)系统的概念、结构和分类

1. 系统的概念

系统是各部分相互作用、相互影响而构成的具有特定功能的有机整体。一般来说,系统具有多元性、相关性、整体性三个方面的特征。任何事物的发展都是系统内各要素相互影响、相互促进的结果。

2. 系统的结构

系统的结构,简单说就是系统内各部分之间的关联方式。系统就是把各部分元素整合为统一的整体,其中,关联方式和关联力是系统研究的重点。

3. 系统的分类

(1)按照系统规模来划分,可以将系统划分为三种基本类型,即小系统、大系统、巨系统。

(2)按照系统结构的复杂程度来划分,可以将系统划分为简单系统、复杂系统两种基本类型。

通常来说,小系统和大系统都属于简单系统,巨系统的归属则不是很确定。因此,可以对系统做进一步的完备的分类(图2-2)。

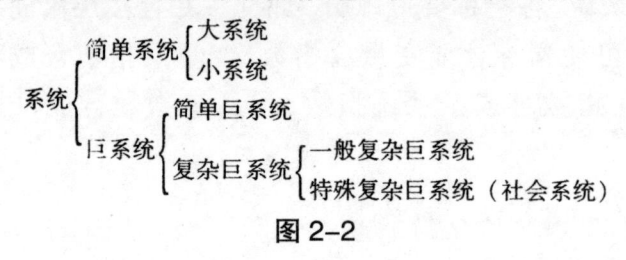

$$
\text{系统}\begin{cases} \text{简单系统}\begin{cases} \text{大系统} \\ \text{小系统} \end{cases} \\ \text{巨系统}\begin{cases} \text{简单巨系统} \\ \text{复杂巨系统}\begin{cases} \text{一般复杂巨系统} \\ \text{特殊复杂巨系统(社会系统)} \end{cases} \end{cases} \end{cases}
$$

图 2-2

除此之外,还可以依据系统的特性、行为、功能等进行划分,在此就不一一阐述了。

(二)协同学理论

协同学属于系统科学的重要分支理论,研究内容非常丰富,随着系统研究的发展,协同学理论也在社会各个领域得到了广泛的应用。一般来说,协同学理论主要由三个基本原理构成,即协同效应、序参量原理和役使原理。

1. 协同效应

协同效应是指系统内各子系统相互作用、相互影响而产生的一种整体效应,这一整体效应的实现需要一定的条件,某一子系统或要素无法单独实现,需要系统内各子系统之间的相互配合,而子系统与子系统以及系统内各要素之间的相互合作与配合就产生了协同效应。

2. 序参量原理

"序参量"是协同学中的一个核心概念,实际上就是在系统演化过程中,某个参量会对系统各要素产生一定的影响和作用,使其由一种相变状态转为另一种相变状态,同时,还能将系统新结构的形成指示出来,那么这个参量就是所谓的序参量。

3. 役使原理

役使原理又被称为"支配原理"。这一原理的主要观点为,系统的稳定性主要受两种变量的影响:一种是快变量,具体来说,是指系统受到干扰导致不稳定时总是试图使系统重回稳定状态的变量,这种变量的主要特点为变化频率很快,而系统的整体反应节奏则很慢,由此可知,快变量对系统影响的平均效果微乎其微;另一种是慢变量,具体来说,是指系统走向临界状态接近临界点时,系统的稳定性就会遭到一定的破坏,这种变量的主要特点为,一种无阻尼现象且随时间变化很慢,能够支配系统的行为,在系统演化过程中始终起作用。

(三)基于系统科学理论的可持续发展系统

1. 可持续发展系统的概念

可持续发展系统是由不同属性的子系统按照一定的关联方式所构成的具有特定结构和功能的复杂系统。具体来说,其内涵可表示为:

$$SFSDS \subseteq \{S_1, S_2, \cdots, S_n, R_{el}, O, R_{st}, T, L\}, n \geq 2, S_n \subseteq \{E_n, C_n, F_n\}$$

其中,s_n 表示第 n 个子系统;

R_{el} 表示系统关联集合,其主要包括各子系统和子系统内部各要素之间的关联关系;

R_{st} 表示系统约束集;

O 表示系统目标集;

T 表示时间变量;

L 表示空间变量;

E_n、C_n、F_n 分别表示子系统 S_n 的要素、结构和功能。

2. 可持续发展系统的研究思路

随着现代社会的发展,可持续发展理论的研究越来越丰富,对于可持续发展的研究主要集中于可持续发展系统的分析和评价以及可持续发展过程中的管理与决策(图 2-3)。

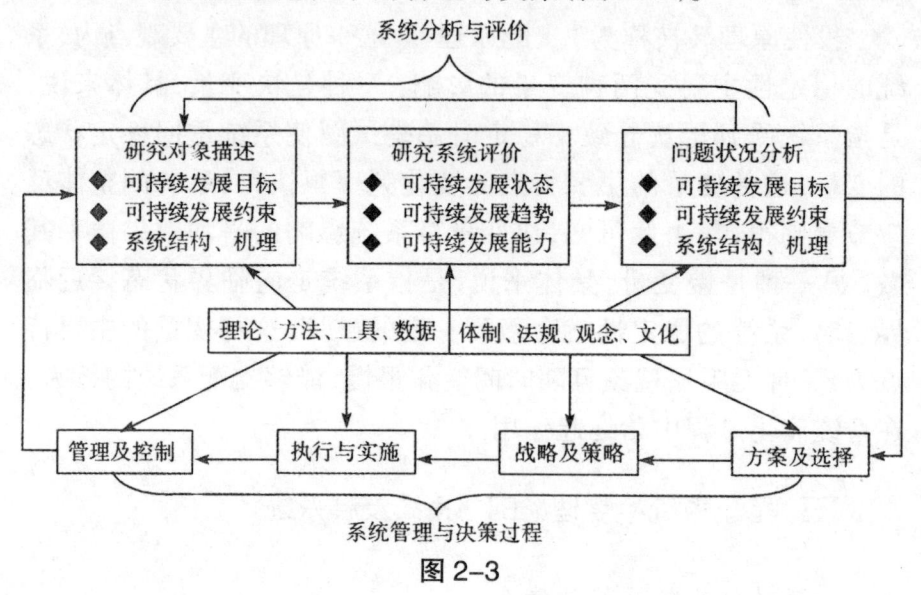

图 2-3

由图 2-3 可以发现,可持续发展系统的研究内容有很多,其中,描述研究对象、评价系统、分析问题状况以及管理和决策等是最为重要的几个方面。具体而言,应用系统科学理论对可持续发展进行系统管理和控制的过程如图 2-4 所示。

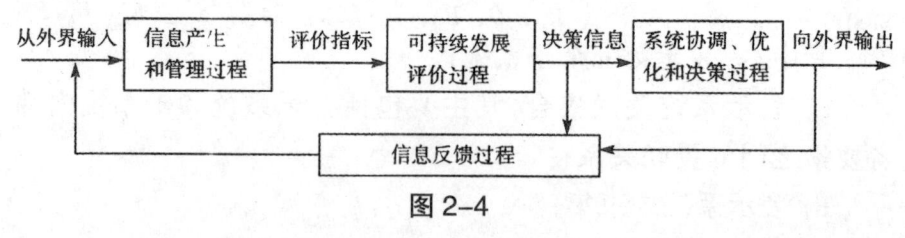

图 2-4

3. 可持续发展系统研究中的应用

系统科学是一门比较复杂的科学,其研究内容较为丰富。20 世纪 80 年代末期,我国著名科学家钱学森提出了"从定性到定量综合集成方法",为系统科学研究作出了突出的贡献。在可持续发展系统研究方面,也常用到这一方法,因此,"从定性到定量综合集成方法"为可持续发展系统研究提供了一定的思路(图2-5)。

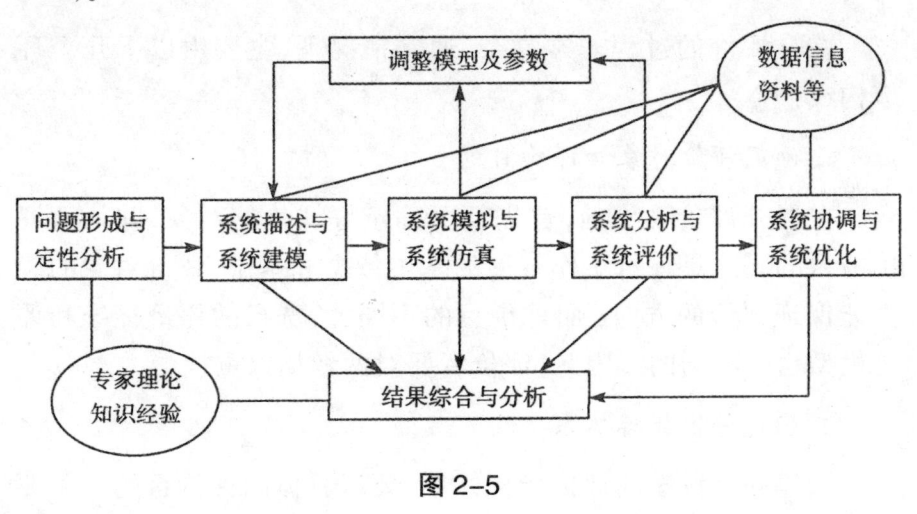

图 2-5

三、综合评价理论

(一)评价与综合评价

1. 评价

评价,是指参照一定的标准对客体价值或优劣进行评判的一个过程。评价的主要目的在于决策,可以说评价是决策的重要前提,没有一定的评价,决策也便无法做出。因此,某一事物要想实现自身的价值,一定程度上需要借助于评价这一手段。

2. 综合评价

综合评价,就是指对客观事物从不同侧面所得的数据做出总的评价。相对于单项评价,综合评价所得出的评价结果更为客观、真实和准确,因此得到了广泛的利用。

一般来说,构成综合评价的要素有很多,其中评价目的、评价对象、评价者、评价指标、评价模型、评价方法、评价结果等是最为重要的几个方面。

(二)综合评价的一般过程

综合评价的过程非常复杂,通常情况下,主要由以下几个环节构成:

1. 确定评价对象和评价目的

在展开评价工作前,首先就要确定好评价的对象,并认清评价的目的。这是评价工作开展的基本依据和基础,评价对象的确立能保证评价的方向;而评价目的不同,所选择的评价标准和评价模型也是不同的。因此,评价者要对两者加以重视。

2. 构建评价指标体系

构建一个科学的评价指标体系,要以具体的评价目的为主要依据,因此,可以将其细分为可操作的统计指标并使其结构化。

3. 建立有效的评价模型

在构建评价模型时,要选择适宜的方法,要根据评价对象的要求和具体实际合理选择,这样建立的评价模型才具有可靠性。

4. 实施综合评价

在实施综合评价时,要搜集相关的统计数据,需要注意的是,搜集的数据要具有真实性,否则就会严重影响评价的结果。在搜集好足量的数据后,要对数据进行整理与分析,然后将整理好的数据带入模型进行计算。

5. 评估和检验评价结果

评估和检验评价结果的目的在于验证所选择的评价指标体系、评价模型等是否具有合理性,如果欠缺合理性就需要返回前面的步骤重新操作。

6. 分析评价结果

分析评价结果也是一个非常重要的环节,在这一过程中要避免人为因素的影响,理性分析评价结果,以确保评价结果的真实有效性。需要注意的是,最后得出的评价结果并不能作为决策的唯一依据,它只是一个参考。

(三)综合评价方法的优选

一般情况下,我们可以将综合评价方法分为几类:运筹学与其他方法结合而成的评价方法;专家直接打分的综合评价法;新型的综合评价法等。在具体的应用过程中,可以将上述方法结合实际情况综合起来利用。

需要注意的是,在选用综合评价方法时,要遵循以下几种原则:

(1)根据评价对象特点选择的原则。
(2)简洁明了的原则。
(3)符合具体实际的原则。

在校园足球运动发展的过程中,要想促进其可持续发展,首先就要遵循以上几个理论,将可持续发展理论、系统科学理论和综合评价理论作为重要的理论基础,它们能够为校园足球可持续发展体系的建立提供一定的理论依据和科学指导。

第三节 校园足球可持续发展战略及其制定

制定校园足球可持续发展战略对于我国校园足球乃至整个足球事业的发展都具有深远的影响和意义,因此学校部门的领导者与管理者一定要重视起来,为校园足球的可持续发展创造良好的条件和氛围。

一、可持续发展及校园足球可持续发展战略

（一）可持续发展及校园足球可持续发展战略的概念

1. 可持续发展

"可持续发展"是指一种能够持续向更大、更完善或更先进状态趋近的行动或者是持续成长（增长）的过程。世界环境与发展委员会给可持续发展下了一个定义，即"可持续发展是在满足当代人需求的同时，不损害人类后代的满足其自身需求的能力"。

发展到现在，世界各国都非常重视可持续发展这一战略，这一战略的应用也频繁出现在社会各个领域和层面，对整个社会的发展起到了重要的推动作用。

在我国，可持续发展战略近年来也备受重视。自1994年3月《中国21世纪议程——中国21世纪人口、环境与发展白皮书》中阐述我国可持续发展战略以来，党的十四大、十五大以及后来的诸多会议都涉及可持续发展方面的问题，可持续发理念在理论与实践方面都得到了完善和应用，这对于我国整个社会发展的影响是深远和巨大的。

2. 校园足球可持续发展战略

校园足球可持续发展战略是指校园足球管理部门为了实现校园足球的健康和可持续发展而科学制定的具有全面性、预见性和本质性的策略与决定。我国校园足球要想实现既定的目标，为我国竞技足球培养大量的高水平人才，走可持续发展之路是不可避免的。

（二）校园足球可持续发展战略的特征

校园足球可持续发展战略是一个非常复杂的系统，要制定出科学的发展战略并不是那么容易的，要求战略制定者不仅要深刻

认识与理解可持续发展战略的内涵和特点,还要求认清校园足球发展的形势与发展走向。总之,在制定校园足球可持续发展战略时,要注意其专业性、交叉性和从属性特征。

1. 专业性特征

根据产业归属划分,校园足球属于第三产业的内容,其中涉及教育行业和体育运动行业两个方面。因此,这可以看出校园足球具有明显的专业性特征。因此,管理者在制定校园足球发展战略时,也要具备出众的专业知识,一切工作都要建立在专业性基础上。总之,为了保证校园足球可持续发展战略的专业性,所有参与人员必须来自于足球专业的人才,同时,还要求拥有多年从事足球行业的丰富经验,并且还要具备良好的职业素质和较强的责任心,这样才能为制定科学的校园足球可持续发展战略打下良好的基础。

2. 交叉性特征

关于校园足球可持续发展战略的交叉性特征可以从以下两个方面理解:

一方面,采用"体教结合"的模式,如北京理工大学成立的北理工足球队就是这样一种模式,但这种模式在我国并未大规模实施。

另一方面,校园足球的工作涉及教育部门和体育部门两个方面,在具体的工作中存在职能和分工的交叉,仅靠一方面是难以实现既定目标的,需要两方面的协调和配合。

因此,校园足球的可持续发展战略属于一种交叉性战略,这一战略体系包含诸多复杂的内容,在制定战略的过程中会出现各种各样的问题,需要事先做好科学的预估,以便出现问题时可以及时解决。

3. 从属性特征

足球运动的发展是一个宏大的工程,要想实现既定的目标,就要充分发挥大系统内子的功能,加强各子系统之间的协调配合。校园足球就是足球运动众多子系统之一,其发展要服从我国足球运动的整体发展战略,因此,可见校园足球的可持续发展战略有一定的从属性特征。

校园足球可持续发展战略的从属性特征可以从两个方面来理解:一方面是实现校园足球自身的持续发展;另一方面是达到我国足球事业发展对校园足球发展的要求。这两个方面是有机结合在一起的,相互并不排斥,只有实现了这两个方面的目标,我国校园足球及整个足球事业才能得到可持续发展。

二、校园足球可持续发展战略的制定

(一)校园足球可持续发展战略的制定依据

1. 足球运动发展的本质规律

足球运动是一个复杂的系统,系统内各要素的发展都需要围绕足球运动的本质规律进行,否则就脱离了足球运动发展的本质,不可能取得理想的效果。因此,我们在制定校园足球运动可持续发展战略时,也要充分遵循足球发展的基本规律,按事物发展的规律与原则展开活动。

足球运动有着广泛的社会影响力,被誉为"世界第一运动",每4年举办一届的世界杯深深吸引着全世界广大的球迷,成为一项盛会。发展至今,足球已成为重要的第三产业,对于一个国家或地区的经济发展起到了重要的作用。从商业角度来看,足球产业的商业化发展水平非常高,成为其他体育产业发展的榜样。因此,足球运动本身所蕴含的内涵非常丰富,历经长期的发展,社会影响力逐渐加大,这是其他运动项目不可比拟的。

足球运动的发展要依据一定的本质规律,其中,体现最为明显的便是足球人才的培养与校园足球运动的发展,它具有"周期长、成本高、风险大、成材率低"的特点,因此,依据这一规律,在制定校园足球运动发展战略时,要充分了解学生的特点和兴趣、

第二章 校园足球可持续发展战略探讨

爱好,不能拔苗助长,不能过于严苛地进行足球专项训练,一切都要依据足球运动发展的本质规律来培养人才。

2. 校园足球发展的内外部条件

任何事物的发展都离不开良好的环境与条件的支持,校园足球也不例外。校园足球运动的发展要依赖于以校园为主的内外部条件,这些内外部条件的好坏将直接影响到校园足球运动的开展状况,如足球场地与设施、师资力量等。在制定校园足球可持续发展战略之前,要充分认识这些内外部条件,以为战略的制定提供必要的依据。

对校园足球发展的内部条件进行了解与分析,其目的是找出校园足球发展的优势与不足。优势在于只要学校确定了足球运动发展计划便会为此提供较为固定的专项资金投入;劣势主要在于多数学校存在着管理体制不完善、教师队伍质量不高等问题。

校园足球的发展涉及体育部门和教育部门的工作,但其在发展过程中还需要其他多个部门的通力合作才能实现既定的目标。也就是说,校园足球并不是孤立存在的,它与外界发生着密切的联系,即校园足球发展的外部条件。足球氛围、足球环境等都是校园足球的外部条件,它与内部条件相互联系、相互制约,共同推动着校园足球的发展。因此,要制定一个科学完善的校园足球可持续发展战略,就必须充分了解校园足球的内外部环境。一般来说,校园足球的外部环境主要包括政府及领导人的支持、社会需求、体育后备人才培养与发展策略、竞技成绩的需求以及大众健身需求等方面。一个良好的外部环境能为校园足球的发展提供重要的推动力,因此,学校要尽力克服一些如应试教育、重文轻武等传统思想的影响,为学生营造一个健康的学习环境。随着党和国家领导人的高度重视,近年来,我国教育部门以及其他相关部门颁布了一系列关于校园足球发展的政策与文件,为校园足球的发展提供了良好的制度保障,在这样的大环境下,校园足球迎来了一个良好的发展契机。

3. 青少年足球运动发展的要求

一个国家的足球运动水平如何,能否获得可持续发展,青少年足球在其中扮演着非常重要的角色。在校园足球中,青少年作为足球运动的参与主体,其发展理应受到重视。因此,在制定校园足球可持续发展战略时,一定不能忽视对青少年身心特点、规律、运动基础等各方面的研究,要综合考虑青少年发展的方方面面,满足青少年参与足球运动的需求。

以往的体育教学只重视体育教师的主导作用,而忽视了学生的主体地位,而在新的教育理念下,要十分重视学生主体性的体现和发挥,要本着"以人为本"的学习理念组织与开展教学活动。在具体的教学与实践中要确立学生的主体地位,充分满足学生的学习需求,促进学生的全面发展。

4. 足球发达国家校园足球发展的成功经验

校园足球运动可持续发展战略的制定涉及诸多方面的因素,可以说是一项系统性工程。在以往,我国缺少类似战略规划,与国外足球发达国家存在着较大的差距,因此,我国足球运动的发展还有很长的一段路要走,在前进的过程中,要不断摸索、参考和借鉴其他足球发达国家的经验,结合自己的国情制定一个富有自身特色的可持续发展战略。

需要注意的是,在参考和借鉴其他国家的经验时,要带有一定的目的性,不能盲目,要将这些国家的足球风格、理念等与我国足球的发展做一个深刻的对比,借鉴符合我国足球发展实际的先进经验。以日韩足球为例,起初日韩足球运动水平与我国相差并不大,但经过多年的发展,日韩两国所取得的成绩令我国望尘莫及,日韩男足是世界杯常客,日本女足甚至拿到了世界杯的冠军,他们之所以取得了如此优异的成绩,一个很重要的原因就是非常注重对青少年足球运动人才的培养。综观日韩足球的发展历史,有以下几点做法可供我国借鉴:

第二章 校园足球可持续发展战略探讨

（1）建立一个与本国国情相符的足球管理体制。

（2）不盲目追求成绩，制定一个长远的发展规划。

（3）加强青少年足球人才的培养与发展。

（4）重视足球教练员的培养工作。

（5）建立科学的校园足球发展机制。

综上所述，要想促进我国足球运动的发展，相应的管理部门必须要根据我国足球运动的发展实际来改良校园足球，制定出符合足球运动本质规律和满足学生对足球运动需求的战略规划。

（二）校园足球可持续发展的战略目标

校园足球可持续发展的战略目标就是制定可持续发展战略所要达到的效果。因此说，战略目标是发展战略的核心内容，在制定战略目标时要重视其预见性、长期性、稳定性和可控性等特点。校园足球可持续发展战略目标是一切决策活动的核心和重点。根据我国校园足球目前的发展现状，制定战略目标时要从以下两方面着手：

1. 宏观目标

要制定校园足球可持续发展的宏观目标，首先要考虑政治、经济、文化等影响校园足球发展的诸多因素，然后再结合校园足球发展的现状进行综合性考量，与此同时还要参考和借鉴足球发达国家的先进经验。只有这样，才有可能制定出一个科学和合理的宏观目标。

根据以上要求，我们可以提出校园足球可持续发展战略的总体目标，即利用15～20年的时间制定一个具有中国特色的校园足球培养体系；建立科学和完善的校园足球管理机制；培养一大批高质量的校园足球后备人才。这样才能为我国足球事业的发展提供良好的保障。

通过采访我国足球方面的专家及工作人员后发现，对这一战略方针的宏观目标表示非常同意的专家占40.0%，同意的专家占

43.3%（表 2-1）。这充分说明这一战略宏观目标制定的有效性与可行性。

表 2-1　专家对校园足球可持续发展战略宏观目标的认同情况（N=30）[①]

认同情况	人数	比例
非常同意	12	40.0%
同意	13	43.3%
一般	3	10.0%
不同意	2	6.7%
完全不同意	0	0%
合计	30	100%

2. 具体目标

要想促进校园足球的可持续发展，仅仅制定一个战略宏观目标还是远远不够的，为了实现战略总目标，还必须制定一个个小的目标，这些小的目标就是具体目标，它是将总体目标按照纵向、横向或时序等维度分解成为零散的任务目标。可以说，宏观目标就是由一个个具体目标组合而成的。

一般来说，在校园足球可持续发展战略中，具体目标主要包括以下几个方面：

（1）建立系统、规范的校园足球管理体制

建立一套系统、规范的管理体制对于校园足球运动的可持续发展具有重要的意义。这一管理体制要与我国的国情及校园足球的发展规律和现状相符合，同时，还要能充分发挥我国各级政府的主导作用，体制内各部门的职责要明确，还要有一个完善的管理体制，任何参与人员都要严格按照规章制度行事。

（2）形成合理高效的资源配置方式

校园足球的健康、可持续发展还离不开丰富的资源，如场地、设备、资金、教练员等资源。缺少了这些资源，校园足球的发展将举步维艰。因此，在未来的发展中，要不断拓宽这些资源的来源

[①] 李继霞. 全国青少年校园足球活动发展战略研究[D]. 上海体育学院，2012.

渠道,确保校园足球运动的可持续发展。校园足球的发展离不开大量的资金投入,因此在政府提供财政支持的基础上,还要不断吸引企业赞助,这样才能为校园足球的发展提供良好的资源保障。

在社会主义市场经济条件下,要想实现校园足球资源合理配置的目标,需要国家的宏观调控加上社会各个部门的通力合作。这不仅是推动我国体育体制改革与创新的要求,同时也是校园足球可持续发展战略实施的重要基础。总之,在校园足球可持续发展的过程中,要十分重视各方面资源的合理配置。

(3)扩大校园足球参与人口

校园足球的可持续发展还需要有良好的学生基础,需要广大学生的积极参与。因此,扩大校园足球参与人口就成为校园足球发展战略的重要内容和具体目标。

需要注意的是,在扩大校园足球人口的过程中,一方面,需不断增加足球布局城市和定点学校数量,并结合各区域及学校的具体实际,合理、有度地增加校园足球参与人口;另一方面,要重视对校园足球参与人口的综合素质的培养,提高足球学习的质量。

(4)构建"一条龙"校园足球人才培养体系

校园是培养我国足球后备人才的重要基地,因此要建立一个科学完善的"一条龙"人才培养体系,首先需要建立一个依托小学、初中、高中和大学等教育系统层级的四级金字塔式的体系。这种"一条龙"式的培养体系对于我国足球后备人才的挖掘与培养具有极为重要的意义和作用。

据调查发现,很多参与校园足球运动的学生的运动动机比较单纯,仅仅只是为了健身或娱乐,但在人口基数如此大的情况下,我国还是会涌现出非常多的足球后备人才的。依托"一条龙"式的培养体系,学生能在良好的足球氛围和条件下获得健康快速的成长,并逐渐成为优秀的足球人才。因此,构建"一条龙"校园足球人才培养体系势在必行。

(三)校园足球可持续发展的战略思想

在确定校园足球可持续发展的战略目标后,还需要有一个良好的指导思想,只有正确的指导思想,才能为校园足球指明前进的方向,确保校园足球的发展不走弯路。

在确立校园足球发展战略的指导思想时,要结合校园足球的发展现状进行,还要能预测校园足球的发展趋势,对校园足球的发展作出准确的判断。另外,还要参考和借鉴足球发达国家的校园足球管理方式,从中汲取先进的经验为我所用。

目前,我国已经确定了未来校园足球发展的总体战略指导思想,具体为以科学发展观为指导,以对《中共中央国务院关于加强青少年体育增强青少年体质的意见》和《关于开展全国亿万学生阳光体育运动的通知》的贯彻落实为宗旨,以大力对体育强国进行建设为动力,以足球运动发展规律为基础,以促进学生体质增强、对足球运动进行推广和普及为基本任务(重点在于提高足球运动在学生中的影响力),以"快乐足球"和"回归运动"为基本理念,构建具有中国特色的青少年足球人才培养体系。[①]

通过对一部分专家进行访谈发现,他们对上述总体战略指导思想还是比较认同的,不认同的仅占很少的一部分。具体调查结果见表2-2。

表2-2 专家对校园足球发展的战略思想的认同情况(N=30)

认同情况	人数	所占比
完全不认同	1	3.3%
不认同	2	6.7%
一般	2	6.7%
认同	11	36.7%
非常认同	14	46.6%
合计	30	100%

---

① 李继霞.全国青少年校园足球活动发展战略研究[D].上海体育学院,2012.

（四）校园足球可持续发展的战略重点

1. 加强校园足球师资队伍建设

大量的研究与事实表明，要想促进校园足球的可持续发展，增加校园足球参与人口是一个重要的途径，而开展校园足球活动则是增加青少年足球人口的一个重要举措。为了实现这一目标，学校必须要配备高素质的足球教师，建立一支健全、完善的师资队伍。

但是，目前我国很多学校的足球师资队伍建设缺乏一定的力度，在职的足球教师有很大一部分专业不对口，理论知识欠缺，运动技能水平不够高，不能很好地指导学生进行学习与训练，这严重影响到我国足球后备人才的培养与发展。当前，我国很多学校普遍存在着足球师资力量欠缺和质量不高的问题，这对于我国校园足球运动的可持续发展是非常不利的。因此，在今后的发展中，要将足球师资队伍建设作为我国校园足球发展的战略重点。

2. 完善政策保障体系

校园足球的可持续发展是一个长期的目标，因此不能拔苗助长，要依据足球运动发展的规律进行。校园足球的发展具有耗时长、投入多、见效慢等特征，正因如此，发展校园足球成为一项任重而道远的工作，而要保证这一工作的顺利开展，就需要建立一个科学、完善的政策保障体系。

综观当前我国校园足球的发展现状，其中存在着不少问题，导致这些问题产生的原因是多方面的，如受当前教育体制的影响，学校及家长只重视学生的文化课学习，足球运动不受重视；中国足球的发展现状影响着人们对校园足球的态度等。在这样的背景下，校园足球缺少一个健康、良好的发展环境，久而久之就形成了一个恶性循环。面对这些问题，我国政府、教育部及有关部门需要出台一些制度或扶持政策，以确保校园足球的健康发展。因此,在校园足球今后的发展中,要将政策保障体系建设作为一项战略重点。

3. 健全校园足球管理体制

当前,我国校园足球的管理体制很不健全,存在着多方面的问题。其中,一个非常重要的问题就是,一方面,学校是足球活动的参与主体,而教育部门是学校的管理机构;另一方面,体育行政部门掌握了校园足球活动的管理权。这就充分表明,我国校园足球的管理制度存在着责任、权利和利益严重脱离的问题,致使校园足球在发展的过程中受到多重阻碍,因此,要想促进我国校园足球运动的可持续发展,就要建立一个职责明确、权利分明的管理体制,这也是校园足球可持续发展的一个战略重点。

第四节 促进校园足球可持续发展的途径

校园足球的可持续发展是一个长期的过程,在发展的过程中必然会遇到各种困难和挫折,这是不可避免的。我们需要做的就是认清校园足球发展的形势,找准校园足球发展的定位,尽可能利用一切可以利用的资源加强校园足球可持续发展体系的建设。鉴于当前我国校园足球发展的现状,提出以下发展对策与途径。

一、明确校园足球的发展定位

要制定一个切合实际的校园足球可持续发展体系,首先就要找准其发展定位,这样才能更好地理解和把握校园足球发展战略的内涵,确保校园足球发展方向的正确性。目前,我国足球运动的发展情况很不乐观,职业联赛的发展跌跌撞撞,青少年足球人口数量不多,质量更是难以保证,因此,我国政府要将青少年足球的发展作为重要的突破口,也正因如此,我国政府才提出了要"坚持体教结合,大力发展校园足球"。当前,我国政府高度重视校园足球的发展,制定和颁布了一系列有利于校园足球发展的政策与文件,这为我国校园足球的发展建立了一个良好的制度保障体系,校园足球的发展迎来了一个良好的契机。

通过调查与分析当前我国校园足球的发展现状,可以看出其主要面临着两个任务:一是足球运动的宣传与推广;二是足球后备人才培养新模式的构建与发展。与传统的教育系统足球人才培养模式相比,创新的校园足球人才培养模式有着与众不同之处,其中在工作机制、组织形式、发展重点等方面表现得尤为明显。学生是校园足球活动的主体,在良好的足球环境下,能激发学生的足球兴趣,丰富足球知识与技能体系。另外,校园足球还属于阳光体育运动的一项重要内容,其与其他体育运动之间能够相互包容,获得共同发展。在这样一个和谐的学校体育环境下,足球运动能得到良好的传播与推广,吸引大量的学生参与其中,从而建立校园足球人口上的优势,这对于挖掘与培养足球后备人才是非常有利的。

需要注意的是,校园足球发展的两个任务之间是相互依存、相互促进的关系,同时也是依次递进的关系,第一个任务是第二个任务的基础,第二个任务是在第一个任务基础上的提高。因此,在校园足球可持续发展的过程中,要将基础与提高结合起来,要建立一个普及和提高协调发展的工作机制,在校园中大力宣传与推广足球运动,扩大足球参与人口,挖掘并培养大量高素质的足球后备人才。

二、加强校园足球发展的舆论宣传

与其他事物一样,校园足球的发展同样离不开舆论的宣传,只有通过舆论宣传,才能让大众充分了解校园足球运动发展的必要性和重要性,这样才能更好地做好校园足球的推广工作。具体而言,要想做好校园足球发展的宣传工作,需要注意以下两个方面:

(一)重视校园足球核心价值的宣传

校园足球运动的内涵与价值非常丰富,因此,在校园足球发展的过程中,要十分重视核心价值体系的宣传,让公众更加清晰地认识与了解校园足球运动的价值,这有利于校园足球文化氛围的形成。学生是校园足球活动的参与主体,受我国传统家庭观念的影响,家长对孩子的各种行为有着重要的影响力,因此,只有通过宣传,让家长认识到校园足球的价值,进而获得他们的认可,学生参与足球运动才能获得有利的支持,这是我国校园足球发展中的重要一环。

(二)借助多渠道宣传校园足球发展的成果

经过一段时间的发展,我国校园足球取得了一定的成绩,我们要充分利用各种渠道做好校园足球发展成果的宣传,让大众认识到校园足球发展的意义,有效发挥榜样的积极示范作用,这对于各布局城市校园足球的健康发展具有重要的指导意义。

媒体是校园足球发展的重要推动力。因此,我们还要善于利用网络、电视、报纸、杂志等媒体资源建立一个校园足球宣传推广平台,不断加大校园足球运动的宣传力度。

三、促进校园足球师资力量的壮大

综观足球发达国家的足球发展历史,其足球水平如此之高,除了因为这些国家都制定了一个相对完善的足球发展战略外,还与这些国家十分重视足球师资队伍或足球教练员队伍的建设有关。因此,我国也可以效仿这些国家的做法,借鉴其成功的经验,进一步做好师资队伍的建设工作,为校园足球及足球后备人才的培养提供重要的保障。足球教师(教练员)在校园足球发展中发挥的作用巨大,他们是校园足球实现可持续发展的关键一环。目前来看,我国的足球师资力量相对薄弱,不能很好地满足校园足球活动的需要以及学生的个性化需求,师资力量体系的建设还有很长的一段路要走。通过分析当前我国校园足球师资队伍建设的现状,并参考国外足球发达国家的做法,我们可以从以下两个方面着手进行足球师资队伍的建设:

(一)增加校园足球师资数量

要促进校园足球的进一步发展,没有一支相对稳定的专业足球教师队伍是不行的,目前来看,我国大部分学校的足球师资数量还不能满足所有学生学习足球运动的需求,这是亟待解决的一个重要问题。鉴于此,学校相关部门及领导要想方设法地增加足球师资数量,改革足球教师的聘用机制,利用一切可以利用的方法和手段增加校园足球师资数量,以确保校园足球活动的顺利开展,满足学生的各种学习需求。结合当前我国校园足球的发展现状,可以尝试以下两种途径来增加师资数量:

(1)制定相关的"足球师资特设岗位计划"制度,择优选用专业足球人才到学校任教。

(2)整合教育部门与体育部门的闲置专业资源,如退役运动员、足球教练等都可以加入到学校师资队伍中,这些师资可以充分发挥自己的专长,有效改善当前足球师资不足的现状。

(二)提高校园足球师资质量

要建立一支高素质的足球师资队伍,光有数量还是远远不够的,还要在一定数量的基础上注重师资队伍的质量。要对足球教师的数量结构、年龄结构、学历结构、职称结构等进行优化,提高足球教师的专业水平和综合素质。

1. 推行足球教师资格制度

当前,我国的足球教师资格制度还存在一些不足之处,相关部门及领导要根据当前的发展情况对此进行一定的改革,使之更加符合校园足球教学的要求。可以对定点学校中的足球教师或教练员进行资格考试,颁发相应的等级资格证书给考核合格的教师或教练员,任何参与人员都要凭借资格证书上任。另外,在进行教师的职称评定时也可以以此为依据,这样能有效激发教师的学习积极性,促进教师素质的不断提高。

2. 重视足球教师的继续教育培训

提高足球教师的综合素质,日常的培训工作是少不了的,这是一个非常重要的途径和手段。因此,这就需要完善我国的足球教师培训机制,加大校园足球教师的培训力度,定期或不定期地举行相应级别的强化培训,整合各方面资源,各学校相互沟通与合作,加强校际间足球教师的沟通与交流,从而促使现有足球师资质量的优化。

3. 加强足球教师的交流学习

"请进来"和"走出去"是促进校园足球师资力量优化的重要手段。所谓的"请进来"是指定期邀请国内外足球专家、知名人士等来学校参加足球交流研讨会和专题讲座等,为学校足球教师提供一个学习和交流的机会。"走出去"是指挖掘和培养一批优秀的有发展潜力的足球教师或教练员,将其输送到国外足球发达国家,学习其他国家的先进经验,最后再将先进经验带到我国学校,促进我国校园足球水平提高的一种途径。这两种途径对于我国校园足球师资力量的建设具有重要的意义,值得大力推广。

四、建立与完善校园足球管理体制

在当今足球运动发展的背景下,要想建立科学和健全的校园足球管理体制,就必须要紧跟时代发展的潮流,转变陈旧的思想观念,树立足球运动发展的新理念,结合当前社会的需求来改革校园足球组织体系,凸显教育部门的管理主体地位,建立一个符合时代发展特征与学校具体实际的校园足球组织管理体系,这一管理体系的特点主要表现为"政府主导、教体共管,以教为主"。

有关学者对校园足球活动管理系统结构的构建进行了研究,最终确立的结构如图2-6所示。

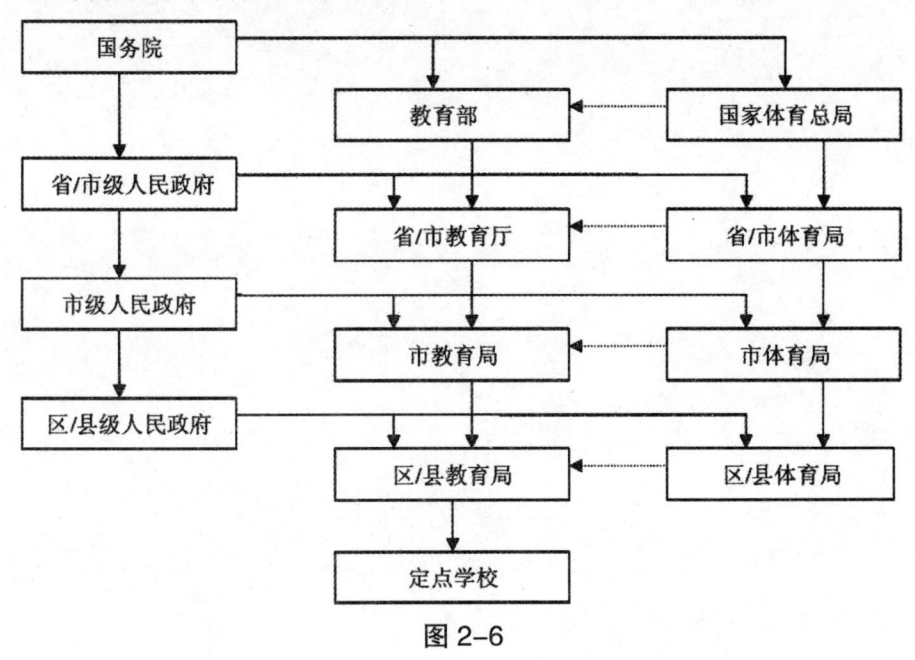

图 2-6

以上这一模式是在充分分析我国校园足球现状的基础上构建的,符合我国整个体育体制以及校园足球发展实际,可以在众多的学校中进行推广。总之,建立一个科学和完善的校园足球管理体制是至关重要的,在这一体制和系统内,要充分发挥各部门的作用,利用各部门的资源优势,确保整个管理体制能正常运转。

五、构建足球网络信息平台

进入21世纪以来,科学技术迅猛发展,可以说科学技术已渗透到社会各个领域之中,对推动整个社会的发展产生了重要的影响。目前,综观各个行业,科学技术的利用率都非常高,这极大地提高了人们的生产与生活效率。对于校园足球而言,也要充分利用现代科学技术促进自身的健康持续发展。在现代信息技术高度发展的今天,我国各学校可以结合本校的具体实际建立一个有效的足球网络信息平台,将平台上的各类信息资源分享给每一名教师、学生和相关工作人员,这对于校园足球运动的发展是非常有利的。

第三章 校园足球教学与训练体系的构建与发展

在校园足球可持续发展的过程中,建立一个科学和完善的教学与训练体系至关重要,这关系到足球教学与训练活动能否顺利开展。在构建足球教学与训练体系时,要掌握一定的科学理论,以理论作指导,讲究科学的原则与方法,制定的教学与训练体系要能体现校园足球教学的目标,能满足广大学生的学习需求。本章就重点分析校园足球教学与训练体系构建的科学理论方法。

第一节 校园足球教学与训练的学科理论基础

校园足球教学与训练的发展,以及相关理论体系的构建是建立在一定的学科理论基础之上的,其中,运动生理学、运动心理学、运动营养学、运动康复学、教育学等都是其重要的学科基础,受篇幅所限,下面主要阐述校园足球教学与训练的运动生理学、运动心理学及运动营养学基础。

一、运动生理学基础

(一)运动的生理学本质

一般来说,人体运动的生理学本质就是通过对人体施加一定的生理负荷刺激,引起机体各器官系统在生理功能和形态结构方面产生一系列的连锁性运动条件反射。由此可见,运动技能是连锁性的运动条件反射,运动者要想获得运动技能,需要经历复杂的过程,这一过程涵盖运动技能的形成、储存、再现与校正等几个程序。

1. 运动技能的形成

通常情况下,人体运动技能的形成主要分为以下四个阶段:

（1）泛化过程

在运动者学习某项运动技能之前,就会引起一定的刺激,然后传入皮层各有关中枢。因初学者的分析功能尚不精确,运动者会出现一定的不良表现,如动作僵硬、动作不协调、节奏紊乱等,这是正常现象。

（2）分化过程

随着运动者学习的不断深入,其运动技能也会逐步改进和提高,其大脑皮层运动区的兴奋、抑制过程在时空上的分化日趋完善。由此,泛化过程中的表现逐渐消失,初步形成运动动力定型。但需要注意的是,这时运动者的稳定性还远远不够,可塑性较强,如果不强化练习,则容易导致出现第一阶段的问题。

（3）巩固过程

运动者通过反复不断的练习,其动力定型更加稳固,动作更加精确、身体也比较协调,动作细节也正确无误,运动者有时甚至可以在无意识的控制下顺利完成技术动作,这就是技术动作初步形成自动化的阶段,但技术动作仍需要进一步巩固和提高。

（4）自动化过程

通过以上三个阶段的训练和提高之后,运动者运用运动技巧的能力也在不断提高,这时就会出现技术动作自动化现象,运动者可以在脱离意识的情况下自动地完成各项技术动作,这一阶段是最高级阶段,是所有运动者都追求的目标。只有达到这一阶段,运动员才能具备较高的技战术水平,才能在真实的比赛中充分发挥自己的运动水平。

2. 运动技能的储存、再现与校正

运动者所掌握动作的技能信息一般会储存于其大脑皮层的一般解释区和小脑。当需要做出相应的动作时,就会激发大脑皮层有关部位的反应,由于此时所完成的动作是已经程序化了的,因此,完成起来就比较容易。

需要注意的是,运动者在学习与掌握相关的运动技能时,其需要结合实际情况不断更正肌肉的用力状况、用力时间、协调功能等,以应对运动形势不断变化的需求。如运动者在做某一技术动作时,用力太大需要减小,用力慢了需要加快。这种从动作完成过程中的感觉或结果反过来再校正动作的过程,就是运动技能的校正及运动生理学中的反馈原理。运动者在训练的过程中,要善于掌握和灵活运用这一反馈原理,以巩固和提高自己的运动技能水平。

(二)人体新陈代谢

新陈代谢在人的生命活动中非常重要,可以说人们的一切活动都离不开新陈代谢,离开了新陈代谢,人的生命活动也就终止了。新陈代谢是指生物体在不断地与周围环境进行物质与能量交换中实现自我更新的过程,一般来说,主要包括同化与异化两个过程。其中,同化是指生物体从周围环境中摄取物质合成自身成分,并贮存能量的过程;异化是指生物体分解自身成分,同时释放能量,并排出代谢产物的过程。

(三)心率与吸氧量

1. 心率

运动者在参加运动训练的过程中,其心血管系统会受到一定程度的影响,心率则能很好地反映这一影响,是一个非常重要的指标。

运动员参加运动训练,对心脏功能产生的影响可以通过心率的变化体现出来。心率是运动生理学中最为常用的一项生理指标,主要用于运动员的自我监督或医务监督中。运动员在参加运动训练或比赛的过程中,运动强度越大,心率就越高,两者成正比。对于运动员而言,其心率的上升非常迅速,恢复也非常迅速。而不经常参加运动锻炼的人,则出现相反的情况。优秀的耐力运动员静息时心率常在50次以下,而一般人则远远达不到这一标准。

2. 吸氧量

(1)氧运输系统

人体在新陈代谢过程中,需要不断地从外界环境中摄取氧气并排出二氧化碳,这种机体与环境之间气体交换的形式称为呼吸。人体氧的摄入需要氧运输系统的配合,氧运输系统对人的生命活动有着极为重要的意义。

(2)最大吸氧量

衡量人体氧运输系统功能的强弱,可以运用呼吸系统或心血管系统的一些指标,而最大吸氧量是衡量氧运输系统整体功能时常用的综合性指标。最大吸氧量是指人体在参加剧烈运动时,呼吸和循环系统功能达到最大能力时,人体每分钟所能摄取的氧量,它是衡量一个人氧运输系统功能的强弱的重要标志。通常情况下,经常参加运动锻炼的人其最大吸氧量相对较大,而对于足球这一耐力性运动项目而言,运动员的最大吸氧量是非常大的。

(四)运动的生理调控

运动生理调控与人体神经系统之间有着极为密切的关系。神经系统是人体的指挥部,人体的一切活动都是在它的指挥下得以完成的。人体的各种感受器官接受内外部的光、声、嗅、味、触、压、温度、痛觉等刺激,将其转化为神经冲动,经传入神经传入中枢神经,通过中枢神经对传入信息的综合分析,产生感觉和相应

第三章 校园足球教学与训练体系的构建与发展

反应,通过传出神经传至各器官,从而实现活动的目标。

一般来说,人体在运动过程中会呈现出一定的整体性特点。例如,当踢足球时,人体的一切动作都是在神经系统的支配下完成的;同时,人体的呼吸及循环系统的功能还需要增强,以确保营养和氧气的供应,否则人体就无法顺利完成各种动作。

在人体中枢神经系统中,反射是基本活动方式,主要包括非条件反射和条件反射两种形式。其中,条件反射是运动技能形成的重要基础。运动技能的形成实际上就是运动条件反射建立的过程。运动者运动技能的形成与发展常会受到多种因素的影响,要发展和提高运动技能,就要加速建立运动条件反射。

(1)充分利用抽象思维。人体运动技能的形成与发展离不开一定的抽象思维,运动者要不断提高自己的抽象思维能力,要把智力运用与运动系统活动结合起来,对所学动作进行细致的对比、想象与分析。

(2)大脑皮层的兴奋状态。大脑皮层有关学习部位必须达到适宜的兴奋状态,才易于建立运动条件反射。在学习技术的过程中,应充分调动学习的积极性,培养兴趣和爱好,使大脑皮层始终处于适宜的兴奋状态,以获得良好的效果。

(3)消除防御反射。运动者在参加训练的过程中,通常会产生一定的胆怯与畏惧心理。而要想消除这种心理,就需要经过一段时间的练习后再做正式动作,这能帮助运动者平复心情,引导运动者以积极的心态面对训练和比赛。

(4)排除干扰。运动者在参加训练的过程中,运动技能的发展常因受各种主客观因素的影响而停滞不前,这时就需要查找源头,尽量排除干扰因素,以顺利地参加运动训练。

二、运动心理学基础

（一）运动心理学相关原理

1. 应激原理

（1）应激概述

应激（Stress），是指人体对于外部强负荷刺激产生的一种生理和心理的综合反应。应激是机体在遇到干扰自己平衡状态的刺激性事件时表现出来的反应过程。机体在受到相应的刺激时，会出现一定的生理与心理方面的适应性变化，这就是应激反应。

关于应激反应，在生理方面，应激会使运动员个体的唤醒水平提高；在心理方面，则会促使运动员个体焦虑水平提高。影响应激水平的因素有很多，其应激产生的程序如图3-1所示。运动员对应激刺激的反应有较大的不同，有些反应具有一定的适应性，有些反应则具有毁灭性，要结合实际情况来看。

（2）应激原理的运动训练应用

在体育运动训练中，人的运动能力不断提高的现象可以用应激原理来解释。应激对人体的影响表现在生理和心理两个方面。

①应激的生理反应

紧急反应：所谓的紧急反应是指有机体面对突然的威胁时，身体的自主神经系统自动调节器官活动，主要表现为呼吸速度加快、血管收缩、血压升高。

一般适应症候群：除了对特定的刺激的特殊反应外，针对一些非特定性适应性生理唤醒反应，这种持续性威胁应激反应被称为一般适应症候群，主要包括警觉、抗拒、衰竭三个阶段。

②应激的心理反应

大量的研究与实验表明，心理因素可以引起全身性适应综合症，具有应激性的特点。尤其是意外事故常常是重大的应激源，过激的情绪往往会伴有明显的躯体症状。

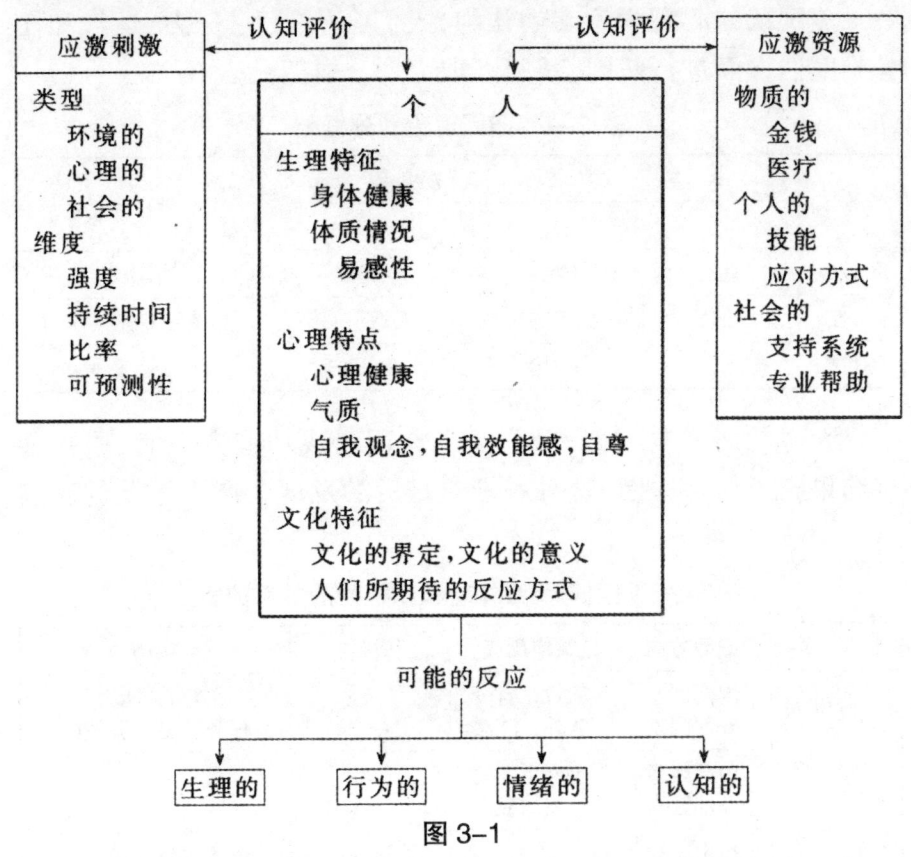

```
应激刺激                    认知评价    认知评价              应激资源
类型                           ↓          ↓                 物质的
  环境的              ┌──────────────────────┐              金钱
  心理的              │         个　人        │              医疗
  社会的              │                      │            个人的
维度                  │  生理特征             │              技能
  强度                │    身体健康           │              应对方式
  持续时间            │    体质情况           │            社会的
  比率                │    易感性             │              支持系统
  可预测性            │                      │              专业帮助
                     │  心理特点             │
                     │    心理健康           │
                     │    气质               │
                     │    自我观念,自我效能感,自尊 │
                     │                      │
                     │  文化特征             │
                     │    文化的界定,文化的意义 │
                     │    人们所期待的反应方式 │
                     └──────────────────────┘
                              │
                         可能的反应
              ┌──────┬──────┼──────┬──────┐
            生理的  行为的  情绪的  认知的
```

图 3-1

总体来看,心理因素对运动员个体的应激具有双重作用,心理因素既可以引起运动个体的良性应激,如中奖、提升;也可以引起一定的劣性应激,如竞争失败。要想获得良好的应激反应,就需要把握适当的应激刺激度。

一个良好的应激刺激能促使运动个体提高警觉程度,集中注意,对环境线索更加敏感,即认知反应。当出现良好的应激刺激时,身体反应可以促使个体缩小注意范围,应激刺激越强烈,这种效应就越明显。运动员在训练过程中要注意这种应激的刺激。

2. 归因理论

(1)归因理论概述

归因(Attribution),是对人的行为原因进行的推论过程,这一行为存在于人类社会生活的各个方面,属于一种常见的心理活动。

美国认知心理学家韦纳认为,人们会从能力、努力、运气和任务难度四方面进行归因,其归因理论划分框架见表3-1。

表3-1 归因理论划分框架

可控性	控制点			
	内在		外在	
	稳定	不稳定	稳定	不稳定
可控	稳定的努力	不稳定的努力	他人稳定的努力	他人不稳定的努力
不可控	能力	心情	任务难度	运气

大量的研究与实践表明,人们在面对成功或失败时,通常会将结果归于何种原因,这种心理对日后的发展会产生重要的影响(表3-2)。

表3-2 归因与情绪体验和积极性的关系分析[①]

行为结果	归因方向	情绪反应	积极性	实例
成功	内部因素 外部因素	满意,自豪 意外,感激		努力,能力 任务容易,运气好
失败	内部因素 外部因素	内疚,无助 气愤,敌意		
成功	稳定因素 不稳定因素		提高 提高或降低	任务容易,能力强 努力,运气好
失败	稳定因素 不稳定因素		降低 提高	任务难,能力差 努力不够,运气不好

(2)归因理论的运动训练应用

运动员在训练和比赛中会有不同的运动表现,教练员要对此进行归因分析,这样能有效激励个体进行训练和学习,从而取得成功。大量的运动实践表明,进行有计划的归因训练能够在一定程度上改变运动员对于运动成绩的认识方式,有助于提高运动者的体育运动表现。针对不同运动员,应进行不同形式、内容与方法的针对性训练。

---

① 张力为,毛志雄.运动心理学[M].北京:高等教育出版社,2011.

对于成功的运动员,教练员应鼓励其进行内在稳定的归因,以提高其自我效能感。

对于失败的运动员,则应注重进行内在不稳定归因,促进其对自身的行为负责,并使其明白失败是可以避免的。

3. 目标定向理论

(1) 目标定向理论概述

目标设定理论(Goal-Setting Theory)于1960年由洛克(Edwin Locke)提出,该理论认为挑战性的目标是激励的来源。目标定向是一种有计划的认知过程,它可分为任务定向和自我定向两种。

任务定向:这一理论强调自己表现的前后对比,注重个人努力,以掌握相应的技能与完成相应的任务目标的心理定向。任务定向非常有利于刺激和提高人的内部动机,能有效培养和提高人的主观能力感。

自我定向:以他人作为参照系,与他人进行横向的对比,以超过他人作为心理定向。这一心理定向方式不利于激发人的内部动机,在很多情况下能使人产生能力不足的感觉,一定程度上打击了其自信心。

(2) 目标定向理论的运动训练应用

通过设定一定的目标,能有效激励运动员的行为,在具体应用过程中要注意以下几点:

①运动训练的目标设置要合理,要有一定的难度,运动员经过一定的努力能够完成。

②运动训练目标的设置要具体和明确,符合训练实际和运动员运动水平。

③运动员采取必要的手段和措施努力去实现目标。

④通常来说,短期或中期训练目标应用最为普遍。

⑤定期反馈训练情况,及时了解当前训练情况与预定目标之间的差距。

⑥实现运动训练目标的过程中,归因分析要现实和客观。

⑦实现训练目标后,应给予一定的奖励,然后设置更高的目标。

在具体的运动训练过程中,目标定向更加注重人的内部动机的增强,强调目标定向对人的动机、行为的各种影响;而任务定向则主要在于激发人们执行任务的兴趣,激起战胜困难和挫折以实现目标的勇气;自我定向则在一定程度上导致内部动机的弱化,运动员的表现也与前者相异。因此,在运动训练中,应注重帮助运动员建立必要的任务定向,激发运动员参与训练的积极性,培养其自觉参与运动训练的意识与习惯。

(二)运动训练的心理要素

1. 运动知觉

运动知觉是人类对自身和物体在空间位置移动方面的感知。在竞技体育中,运动员的动作感知主要是通过视觉、听觉、动觉和触觉等方面的器官和系统的感知来实现的。在运动过程中,运动员通过感知器官搜集和分析人体和物体运动的各种信息,来对自身和物体运动的方向、快慢、位置等进行正确的感知。这种精细的专门化主体运动知觉的形成,需要运动员长期坚持不懈地进行运动专项训练和参加比赛。

2. 自信

自信即个人相信自己,对自己所知的事情、所做的事情或已做的事情确信不疑。运动自信本质上是特定领域的自信,是运动员能够完成某一任务的信念。

运动者自信的提升有诸多方法,一般认为,正确认识和评估自己与运动有关的能力,是提升运动自信的有效策略之一。教练员在运动员的运动心理训练中,应合理运用反馈和激励的技巧,使运动员每次结束训练前能够"感觉"到成功,增强成就感。对于失利和困难,教练员也应进行正确的评价和分析,帮助队员以积极的态度走出阴影,重塑自信心。

3. 动机

动机(Motivation)是个体从事某种活动时指引该活动去满足自身一定需要的意图、愿望、信念等。动机直接导致行为的产生,工作动机直接导致工作行为的产生。

动机是自身行为的驱动力,是激发、维持或抑制自身行为朝向某一具体目标的心理倾向和动力。具体来讲,当个体产生某种需要时,心理上就会产生不安和紧张情绪,进而导致动机的产生,动机直接引起个体的行动,并促使这种行动达成某种目标以满足个体的需要。在现实生活中,这个过程周而复始,构成了个体各种复杂多变的心理和活动(图3-2)。

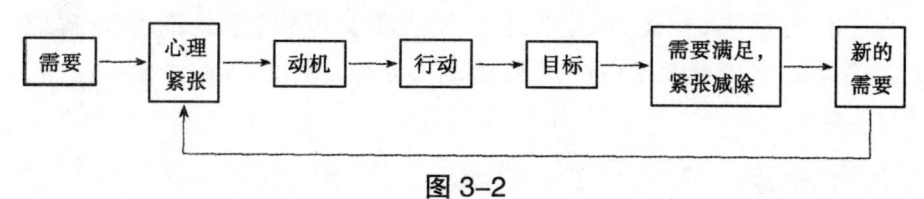

需要 → 心理紧张 → 动机 → 行动 → 目标 → 需要满足,紧张减除 → 新的需要

图3-2

目前,心理学家们从不同的认识角度对动机进行了不同的分类,常见的分类方法及内容具体参考表3-3。

表3-3 动机分类及内容

分类依据	动机类型	动机内容及其表现
动机起源	生理性动机	与个体的生理需要相关,具有先天性,如饥、渴、性、睡眠等动机。在一定程度上受社会生活条件的制约
	社会性动机	与人的社会性需要相关,是后天习得的,如兴趣和交往动机、成就动机、权力动机等
动机原因	内在动机	由活动所产生的快乐和满足引起,不受外界条件的影响,如个体从事某项活动是为了快乐而非得到他人的表扬
	外在动机	由活动以外的刺激诱发引起,受外界条件的影响,如员工努力工作是为了获得更高的报酬或领导肯定等而并非出于工作兴趣
动机作用	主导性动机	在个体活动中的作用强烈、稳定,处于支配地位
	辅助性动机	在个体活动中的作用较弱、较不稳定,处于辅助地位

续表

分类依据	动机类型	动机内容及其表现
动机行为与目标关系	近景动机	与个体的近期目标密切相关，如努力工作以获得更多绩效奖金
	远景动机	与个体的长远目标密切相关，如努力工作期望成为本行业的专家
动机行为带给个体的体验	丰富性动机	又称满足和兴趣动机，激发个体进行探索、创造、成就和自我实现的动力，与个体的生存、安全、痛苦、危险等无关。个体通过动机产生行为、追求快乐
	缺乏性动机	又称生存和安全动机，如个体行为不能达成目标和满足自身需要，个体会体验到痛苦和不安，会通过动机产生行为以消除痛苦

在体育运动中，运动员需要持续参与体育运动训练并促进运动技能的提高，而运动训练是一个枯燥的过程，这就需要不断地激发运动员的运动动机、提高运动员的训练兴趣，调动运动员的训练积极性。

4. 情绪

心理学研究表明，情绪对人具有重要的影响，与人的生理活动密切相关。运动员在运动过程中，如果能够保持积极良好的状态，则能够正常发挥出其能力水平，如果处于消极的情绪状态，具体表现为精神不振、无精打采、心灰意冷、注意力不集中等，则会导致运动能力失常，甚至出现失误。因此，情绪在运动员运动训练过程中的影响作用很大。

5. 态度

态度（Attitude）决定一个人的行为。态度是一种复杂的心理过程。具体来说，态度是由个体的观念、感觉、印象等混合而成的，并能使个体对所处的环境作选择性的反应，态度可决定个体对某项心理目标作积极性（赞同）和消极性（反对）的反应。

6. 注意力

注意（Attention）是个体心理活动对一定对象的选择性指向和集中，是个体的一种心理状态。奈德弗研究并提出了注意方式理论，该理论指出，注意的结构包括两个维度，即注意范围和注意方向，并根据注意的这两个维度将注意分为四种类型（图 3-3）。注意力的范围在足球运动中十分重要。通常所说的"某人视野很好"，就是指他的注意力范围较大。长期刻苦训练与经验积累是获得较广的足球注意力范围的基础与保证。

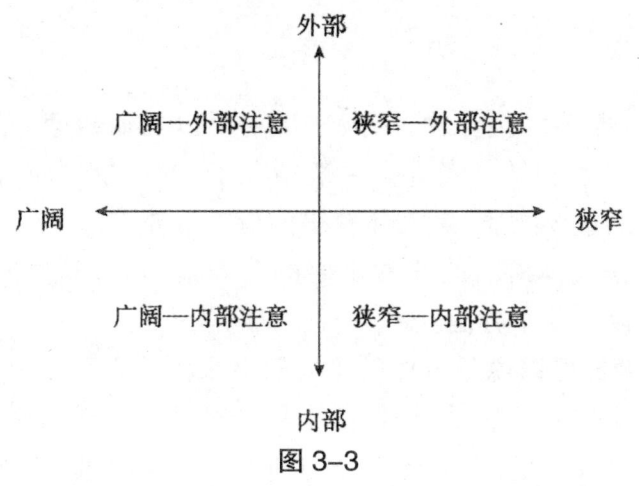

```
                    外部
                     ↑
       广阔—外部注意  │  狭窄—外部注意
                     │
    广阔 ←────────────┼────────────→ 狭窄
                     │
       广阔—内部注意  │  狭窄—内部注意
                     │
                     ↓
                    内部
```

图 3-3

在竞技体育运动中，稳定的注意力是运动员所应具备的又一项重要心理竞技能力，运动员只有保持高度集中的注意力，才能够把握住转瞬即逝的进攻和防守的最佳时机，掌握比赛的主动。竞技足球运动竞争和对抗激烈，比赛时间相对较长，对运动员的体力消耗较大，这就使得运动员注意力的稳定性面临着较大的考验。优秀的竞技运动员，即使身体处于疲劳的状态之下，也能够保持高度集中的注意力，这样也才能够在运动中发挥出更高的水平。

7. 意志力

意志力，是指人们为了实现既定目标而支配自己的行动，并且在行动时自觉克服困难的一个心理过程。

足球比赛竞争激烈,比赛中充满了激烈的身体对抗,没有良好的体能及顽强的意志品质是难以完成比赛任务的,因此,意志力在足球运动中占据着重要的地位。可以说,良好的意志力是获得比赛胜利的重要保证。

三、运动营养学基础

(一)运动营养素构成

1. 糖类

糖类,即碳水化合物,一般来说主要包括葡萄糖、麦芽糖、乳糖、蔗糖、淀粉和纤维素等。一般情况下,糖类是供应人体能量、维持体温的重要物质,是人体获得能量的重要来源。

糖类是人体所需的非常重要的营养素,其营养价值巨大,具体表现在以下几个方面:

(1)糖类可以说是机体的主要热量来源。它可以供给脂肪新陈代谢中所需要的热量,提供给中枢神经系统所需的热量。如果机体糖类摄入不足,就会严重影响到人体新陈代谢的正常进行。

(2)糖类能有效节省人体内蛋白质的消耗,保护人体肝脏,促进人体消化。

(3)糖类能有效促进人体脂肪的新陈代谢。在现实生活中,有一些肥胖的人会采取饿肚子的方法来减肥,但实际上这种减肥方法是不可取的。如果不进食,人体也就无法摄取糖类,少了糖类提供的能量,脂肪代谢就无法进行,无法达到理想的减肥效果。我们所说的减肥主要是减脂肪,其中糖类就扮演着非常重要的角色。人体能量不足,身体便要减少能量消耗以延续生命,这就极大地减慢了新陈代谢的速度,身体出于自我保护,便将摄入的能量大量储藏起来,以保证机体生命活动的运行。这也是节食减肥易反弹的重要原因。由此可见,摄取适量的糖类是很有必要的,减肥要讲究科学的方法。

（4）抗生酮作用。当碳水化合物供应不足时，脂肪酸分解所产生的酮体不能彻底氧化，而在体内聚积发生酸中毒。

（5）促进肠蠕动。糖类中的纤维素不能够被肠胃消化吸收，可以说它不具有营养价值，但生理价值较大，主要表现在它能够刺激肠道的蠕动、排空，避免食物长期停留在肠道中产生各种毒素，降低结肠癌、结肠炎的发病率，降低血清胆固醇，防止形成胆结石和动脉粥样硬化。

一般来说，我们平时生活中摄取糖类的来源有很多，如从谷类、根茎类和各种蔬菜、水果中都能获得大量的糖类。

2. 脂肪

脂肪也是人体重要的营养素，它具有重要的生理价值和营养价值，突出表现在以下几个方面：

（1）构成生理物质。脂肪类营养素不仅是组成人体每个细胞的细胞膜的重要成分，而且还对脑、外周神经组织以及肝、卵等组织细胞具有重要作用。

（2）提供能量。脂肪是产能最高的一种热源质，是一个储存能量的"燃料库"，具有储存热能的作用。其所占空间小，可大量储存在腹腔空隙、皮下等处，为人体提供必要的能量。

（3）调节促进人体新陈代谢和生长发育的肾上腺皮质激素和性激素，这些激素的主要成分便是脂肪类物质。另外，脂肪还能有效促进脂溶性维生素 A、D、E、K 的吸收。

（4）保护脏器。脂肪作为填充衬垫，支持、保护和固定体内各种脏器和关节，能使人体各部位更好地承受来自外界物体的压力。

（5）维持体温。脂肪是热的不良导体，具有重要的维持正常体温的作用。

（6）磷脂、糖脂和胆固醇构成细胞膜的类脂层，胆固醇又是合成胆汁酸、维生素 D 和类固醇激素的原料。

（7）促进脂溶性维生素的吸收。鱼肝油和奶油富含维生素 A、

D，许多植物油富含维生素 E。脂肪能促进这些脂溶性维生素的吸收。

（8）增加饱腹感。脂肪在胃肠道内停留的时间长，具有增加人体饱腹感的作用。

一般来说，花生、玉米、大豆、芝麻中都含有大量的脂肪，在平时的生活中，人们可以适当地摄取。

3. 蛋白质

蛋白质是构成人体生命物质的重要基础，具有重要的生理价值和营养价值。

（1）在人体的各种器官，乃至骨骼、牙齿中都含有大量的蛋白质，蛋白质大约占细胞内物质的 80%。它的功能主要是合成和修补细胞。随着人体不断地生长，细胞数量增多，细胞也在进行着新陈代谢，新旧细胞持续更替，这都需要蛋白质的及时供应和补充。肝脏是人体内蛋白质代谢比较旺盛的组织，血红球更新的速度也较快，头发、皮肤的生长也与蛋白质有关；生命只要存在，细胞就会不断代谢，蛋白质就需要持续供应。如果供应不足，人体发育就会受到影响，整个足球训练活动也会受到很大影响。

（2）调节生理功能。酶蛋白能促进食物的消化吸收、免疫蛋白维持机体免疫功能、血红蛋白携带及运送氧气、甲状腺素是氨基酸的衍生物，它们都是机体重要的调节物质，能起到调节人体状态的作用。

（3）维持体液平衡和酸碱平衡。血液中的蛋白质能维持人体内的液体平衡。若血液蛋白质含量下降，过量的液体会流到血管外，积聚在细胞间隙，造成水肿。血浆蛋白能使血液 pH 值维持在恒定范围。

（4）供给能量。蛋白质在体内降解成氨基酸后，可进一步氧化分解，产生人体所需的能量。

4. 维生素

尽管人体对维生素的需求量非常小,但也是必需的营养素之一,在平时的生活中,人们都能从各种食物中摄取维生素,基本上能满足人体的需求。

一般来说,以溶解性质为主要依据,可以将维生素分为包括维生素 B_1、维生素 B_2、维生素 B_6、维生素 B_{12}、维生素 C、维生素 PP(烟酸)、叶酸和烟酰胺等在内的水溶性维生素和包含维生素 A、维生素 D、维生素 E、维生素 K 等在内的脂溶性维生素两大类。

维生素是一种非常重要的营养素,它具有促进人体发育、维持人体正常代谢的作用。一般来说,人体内的各种生化反应都是在酶的催化作用下进行的,而许多维生素是酶的辅酶或者是辅酶的组成分子。此外,维生素对机体的能量代谢及其调节过程有着重要的作用。在人体中,大多数维生素都会参与辅酶的组成,缺乏维生素,人体的代谢就会失调,运动训练就难以顺利地进行。

人体中各类维生素功能与食物来源具体见表 3-4。

表 3-4 维生素的种类与功能

维生素名称		生物学功能	主要来源
脂溶性维生素	维生素 A	为视紫质的成分,是硫酸转移酶的辅酶	鱼肝油、肝脏、奶油、绿色叶菜、水果等
	维生素 D	诱导钙的载体蛋白质的生物合成,调节钙磷代谢,促进钙、磷吸收,调节免疫功能	肝脏、奶油、蛋黄、动物瘦肉、坚果类等
	维生素 E	抗氧化、维持细胞膜完整、保持正常免疫功能	谷类胚芽、植物油、水产品
	维生素 K	促进凝血酶原的合成	苜蓿、菠菜等
水溶性维生素	维生素 B_1	构成 α-酮酸氧化脱羧酶系的辅酶,维持神经传导	谷皮、麦麸、瘦肉等
	维生素 B_2	以 FAD 和 FMN 两种辅酶形成参与多种酶的构成,参与机体抗氧化系统,并参与能源物质代谢	蛋黄、黄豆、肝脏、酵母、黄色蔬菜等

续表

维生素名称		生物学功能	主要来源
水溶性维生素	维生素 B_5	构成 NAD、NADP 的成分，参与能量代谢	豆类、酵母、肝脏、瘦肉等
	维生素 B_6	是转氨酶的辅酶，参与糖代谢，是许多神经介质合成和代谢的必须物质，参与一碳单位代谢	米糠、麦皮、酵母、肝脏、瘦肉、海产品等
	维生素 B_{12}	以甲基 B_{12} 和辅酶 B_{12} 参与机体生化反应，与骨髓造血机能有关	蛋类、乳制品、豆制品、肉类、家禽、水产品等
	叶酸（B_{11}）	是一碳基团转移酶的辅酶，提供甲基，参与造血	酵母、肝脏、叶菜等
	泛酸（B_3）	组成 COA 的成分	酵母、肝脏、蔬菜等
	维生物（B_7）	与脂肪合成、二氧化碳固定有关	肝脏、酵母等
	维生素 C	作为羟化过程底物和酶的辅助因子，抗氧化，促进铁吸收，提供机体免疫力	新鲜水果、新鲜叶菜、柿子椒等
	维生素 PP	维持毛细血管正常渗透功能	橘皮、槐花、柠檬等

5. 矿物质

矿物质也是人体所需的重要营养素，具有重要的生理价值，人们在平时的生活都能从不同的食物中摄取到必要的矿物质。矿物质有常量元素和微量元素之分，其中含量较多的有钙、镁、钾、钠、磷、硫、氯七种元素，这些被称为"常量元素"；其他元素如铁、铜、碘、锌、锰和硒，由于含量极少，被称为"微量元素"。一般来说，人体所需的重要矿物质主要有以下几种：

（1）钙

钙的价值十分明显，钙是人体骨骼和牙齿生长发育的必需元素，如果缺钙，就会影响骨的生长发育，不利于身体的成长。另外，钙还能维护正常的组织兴奋性，促进生物酶的活动。虾皮、鸡蛋、鸭蛋、绿叶菜等食物中都含有大量的钙，人们可以从日常膳食中获取人体必需的钙元素。

（2）铁

铁是组成人体血红蛋白的主要成分之一。如果机体缺铁就有可能发生缺铁性贫血,从而出现食欲不良、浑身乏力、免疫功能下降等症状。长久的剧烈运动容易丢失大量的铁元素,因此,参加运动训练要注意铁的补充。一般来说,动物肝脏、肉类、鱼类等都含有大量的铁元素。

(3)锌

锌是很多金属酶的组成成分或酶的激活剂,人体内含锌1.4~2.3克,每日需要量男性为8~15毫克,女性为6~12毫克。缺乏锌的表现症状有食欲不振、生长停滞、性幼稚型、伤口愈合不良等。一般来说,高蛋白食物,如鱼、肉、蛋等含锌都较高,在平时的膳食中要注意锌的补充。

(4)硒

人体所有的组织器官中都有硒这一微量元素的存在,其中,肝脏和肾脏中浓度最高,肌肉的硒总量最多,几乎占人体中硒含量的一半。硒是一种重要的微量元素,它对于维持人体的正常活动具有重要的作用。其作用主要是抗氧化,以保护细胞膜。动物的肝、肾以及海产品当中都含有大量的硒元素。

(5)碘

碘也是一种人体所必需的微量元素。身体摄入的碘要适量,摄入过高或过低都有可能导致甲状腺肿症状出现。处于青春期的学生,由于身体发育能力的突变,甲状腺机能加强,因此就需要摄入更多的碘,海带、紫菜、鱼虾中都含有大量的碘,学生可以从这些食物中获取足量的碘。

(6)磷

与钙元素一样,磷也是构成骨骼与牙齿的主要成分,并参与物质和能量代谢过程,能与脂肪合成磷脂,维护血液的酸碱平衡。此外,磷还具有帮助机体吸收其他的营养素的功能。人体所需的磷非常少,但在平时的膳食中也需要注意补充。

6. 水

水是人体的重要成分,人的正常生命活动离不开水,食物的消化和吸收、运输、生物氧化,以及代谢产物的排泄过程,都需要水的参与才能正常进行。当人体缺水到一定程度,人的生命就会受到严重的威胁。

水在人体内的价值与作用主要体现在以下几个方面:

(1)代谢介质。水是体内各种生理活动和生化反应必不可少的介质,参与机体内代谢过程,没有水,一切代谢活动便无法进行,生命也就停止了。

(2)代谢载体。水的溶解能力非常强,它是人体内吸收、运输营养物质并排泄代谢废物的最重要的载体。

(3)润滑功能。人体内含有大量的水,它能润滑人体组织间经常发生的摩擦,起到重要的润滑作用。

(4)维持体温。人体中汗液的蒸发可散发大量的热量,维持人体正常体温。

需要注意的是,不论是日常生活还是参加体育运动锻炼,保持人体内水的平衡至关重要。一般来说,人体内水的来源除了吃食物外,还有直接饮水。

(二)足球运动的营养特点

足球运动对运动参与者的要求较高,要求运动者必须具备出色的力量素质、速度素质、耐力素质、灵敏素质等。足球项目本身具有运动强度大、能量消耗高、能量转换率高且运动时间长的特点。而在运动营养方面,足球运动呈现出以下三个特点:

1. 摄取高热量营养物质

在足球运动中,运动参与者的能量消耗是非常大的,一场足球赛消耗人体能量大约5 000千焦,在这样的情况下,运动者应保证以高糖类为中心,在赛前的3~4小时食用高糖类食物。

2. 增加蛋白质的摄入

参与足球运动,运动者还需要注意蛋白质的摄入。蛋白质主要有供能与调节人体生理功能、增强机体抵抗力的作用。

一般情况下,足球运动参与者蛋白质的需要量应占总能量的12%～15%或1.2～2.0克/千克体重。在补充蛋白质时,要尽量补充优质的蛋白质食物,在运动训练或比赛后要迅速补充蛋白质,这有利于运动者受伤肌肉和组织的及时修复。

3. 重视运动中的补水

参与足球运动,在训练或比赛中都要十分注意水的补充,这样能有效减轻运动者的疲劳感,提高运动者的机体耐力。在补水时,宜选用低糖、等渗的运动饮料,尽量避开含糖浓度高的饮料,以免引起胃不适和胃排空后延。补水的量应大于满足口渴感觉,补水应积极主动、少量多次。

综上所述,对于足球运动员或者一般的足球运动爱好者而言,在膳食中要根据个体运动量的大小、运动强度、运动持续时间等合理补充人体所需的营养素,以满足机体参与运动的需要。

(三)运动员的膳食营养

1. 运动员赛前调整期的膳食营养

运动员在赛前进行营养补充是尤为必要的,这能满足机体运动对能量的各种需要。运动员在赛前补充营养时需要注意以下几点要求:

(1)控制膳食总摄入量

运动员在赛前应保持适宜的体重,这对于运动员发挥运动能力具有重要的帮助。通常来说,运动员在赛前要适当地降低运动量,膳食要合理,不能过多进食,否则会加重消化系统的负担,不利于运动训练或比赛过程的进行。

一般来说,运动员应适当减少赛前的饮食热量,如果运动量减少而热能摄入量不减少,就会出现体重增加的情况,影响运动员的正常训练和比赛。

(2)采用习惯膳食种类

在饮食安排方面,所选择的食物要能充分满足运动员的生理与心理需求。赛前应主要摄入含糖类较高的食物,以确保体内糖原储备充足。另外,应尽可能地避免摄入刺激性食物,否则就会影响运动员机体的稳定性,不利于运动员正常水平的发挥。

(3)增加碱性食物供给

相关研究表明,运动员在赛前适当增加碱性食物的供给,可以有效防止运动中乳酸的大量堆积,因此,运动员在赛前应多吃一些碱性食物,并在赛中补充必要的碱性饮料,这能有效缓解疲劳,保证良好的体能。

(4)减少酸性食物摄入

运动员参加长时间的足球运动训练后,常会发生一定的运动性疲劳现象,这是不可避免的。在运动员参加比赛前,应避免食用过多的蛋白质和脂肪食物,主要原因是:剧烈运动时,糖的无氧酵解会产生乳酸;长时间运动,脂肪分解供能,又会产生酮体之类代谢产物;赛前大量补充氨基酸会使血氨增加、消耗丙酮酸、影响有氧代谢、刺激胃肠道,并使水分吸收减少。同时,酸性物质在体内大量堆积和体内水分减少都会使体液偏酸,从而提前引发运动疲劳。因此,运动员在赛前可适当补充抗氧化物质、补充提升免疫功能的营养物质,以保证比赛活动的顺利进行。

(5)合理补充维生素

通常来说,足球运动员应在比赛前10~14天做好必要的膳食调整,以调整良好的机体状态,确保比赛水平的正常发挥。运动员可以在赛前制定一个合理的饮食制度,按照这一饮食制度合理地补充维生素。

(6)针对足球项目的特点安排饮食

①足球运动属于一项长时间的耐力性运动,运动员应多选择一些含糖丰富的食物,以提高肌肉和肝的糖原储备量。在比赛中维持正常的血糖水平能极大地提高比赛能力,延缓运动疲劳的发生,这是取得优异比赛成绩的保障。

②足球还属于一项间歇性运动项目,补充营养时应以高糖、低脂肪、水分充足的膳食(如牛奶、果汁)为主。

2.运动员比赛当日的膳食营养

（1）比赛日的膳食营养原则

运动员在比赛日的膳食营养应注意以下几点要求：

①根据运动员平时习惯安排赛前饮食，不要突然地改变运动员的饮食习惯，否则就会对运动员的心理产生一定的影响。如果运动员确信某种食物有利于其参加比赛，则应将其列入赛前营养计划中。

②膳食应满足运动员热能和体液平衡的需要，要选择易消化、低脂肪、富含无机盐和维生素的食物。

③避免食用粗杂粮，并少食或不食辛辣、过甜的浓缩糖，以减少对胃肠道的刺激。

④尽量选择含磷、糖、维生素 C 及维生素 B 丰富的食物，保证能源物质燃烧完全。

⑤尽量选择口感好的食物。

⑥尽可能地避免空腹参加训练或比赛。

（2）赛前 2～3 小时的膳食营养

在赛前 2～3 小时，运动员可以进食一些有利于比赛的食物，一般情况下，能满足运动员的能量需要即可，水果、果汁、面包等都是可以选择的食物，饮食的量视具体情况而定。

（3）赛前 1 小时的膳食营养

在比赛前 1 小时，运动员可以进食少量的糖、能量棒、果汁、新鲜水果等，还可以饮用富含维生素、无机盐的运动饮料，以储备充足的糖原，确保比赛的顺利进行。

（4）比赛中的膳食营养

运动员在比赛中应注意水的补充，补液量一般为出汗量的 1/3～1/2；补液速率以不大于 800 毫升/时为宜，比赛中的饮料以补水为主，最好含少量的钠盐，尽可能地选择温度较低的饮料，这样的饮料口感较好，能提升运动员参与比赛的精神状态。

3. 运动员赛后的膳食营养

运动员在参加足球比赛后还要注意膳食营养的补充,因为这是促进机体尽快恢复的重要手段。

（1）运动员赛后的体液恢复

运动员在参加足球比赛后会丢失大量的水分,因此要及时地补充液体,在补液时需要注意以下几点：

①赛后可饮用 100～150 毫升的葡萄糖液。

②补液应把握少量多次的基本原则。

③赛后补液应以摄取含糖及电解质的饮料为主,补充液体中的钠盐不宜过多,以免影响口感,进而影响摄入的量。

（2）运动员赛后的能量恢复

运动后能量储备的恢复主要是补充已消耗的肌糖原。赛后补糖应注意以下几点。

①补糖时间越早越好。肌糖原的恢复率约为 5%,完全恢复需要 20 小时。运动后头 2 小时的糖原恢复率为 7%,运动后头 6 小时内的糖原合成酶活性最高。

②补糖时要依据少量多次的原则进行,如运动后即刻补充糖 50 克,以后每隔 2 小时摄入糖 50～100 克,在 20 小时内可摄入 500～1 000 克糖。

③补糖时,摄入单糖、双糖、复合糖或液体型糖都能促进机体能量的有效恢复。也可补充含糖的果汁或饮料,但要注意糖的量,不能过多或过少。

第二节　校园足球教学计划的制定与实施

一般来说,校园足球教学计划主要包括教学大纲、教学进度、教学方案等几个部分。

第三章 校园足球教学与训练体系的构建与发展

一、教学大纲

教学大纲在足球课程教学中非常重要,它是足球教学工作开展的主要依据,是足球教师组织与开展足球教学活动的指导文件,其内容和要求是足球教师在教学中必须遵守和完成的。

通常情况下,教学大纲是结合学校体育教学计划和体育课程指导纲要所规定的培养目标、教学任务、课程时数的相关要求,结合学校的具体实际而制定的,起着统领全局的作用。一般来说,足球教学大纲主要包括以下几方面的内容。

(一)前言

前言是对足球教学大纲的总体说明,通过查看前言,能帮助学习者了解足球教学的相关内容。一般情况下,一个完整的前言主要包括制定依据、培养目标、教学任务和教学要求等几项内容。

(二)学时的分配

在学时分配方面,每个学校的具体实际不同,因此,还要根据学校教学计划的总学时数来分配,但是不论学时如何安排,其内容主要有理论和实践这两个部分。

(三)教材内容

在校园足球教学中,足球教材内容也主要有理论和实践两个部分。这两大部分分别列出足球教材内容的详细数目以及对各项内容的基本要求。

(四)实践环节

学生要想提高自己的足球运动水平,还需要进行必要的实践练习,教师设计实践练习计划时,要详细说明练习的内容、方法和要求,这样才能为实践活动的开展提供必要的指导。

(五)成绩考核

在足球教学大纲中,要详细地说明考核的内容和方法。具体而言,就是详细写出理论考试、技术评价、作业、课堂练习、上课态度、出勤等方面所占的比例;在技术评价方面,要对评价标准和要求做出具体的说明。

(六)执行完成大纲的措施

依据学校的具体实际及学生的发展水平,提出一些有利于执行大纲并完成教学大纲规定任务的一些可行性措施。

二、教学进度

要保证足球教学的质量,教学进度的安排一定要合理,并要符合当前的教学实际。合理的教学进度能充分调动学生学习的积极性,提高学习的效率。在安排教学进度时,要根据教学大纲的规定进行,一般的操作程序是按照教学顺序,安排好每一次课的计划内容。其中,教学顺序的安排至关重要,其安排方式主要有阶梯式、整体式、阶段螺旋式等几种,足球教师要结合具体的教学实际合理选择。

(一)阶梯式安排法

在足球教学进度安排中,阶梯式的安排方法是指根据足球技术、战术的难易程度,循序渐进地,由易到难、由简到繁地安排。通常情况下,执行先技术后战术的安排原则。而在足球技术方面,顺序主要是控制球—运球—踢球—接球—头顶球—带球突破—抢断球—守门技术等;足球战术方面,其顺序主要是进攻与防守,个人、局部与整体等。以上这种安排就是教学进度的阶梯式

第三章 校园足球教学与训练体系的构建与发展

安排法。

阶梯式安排法的优点：能够突出足球教学的重点与难点，各项技术、战术的安排有利于学生集中于某一时间段进行学习。

阶梯式安排法的缺点：课程较为密集，运动负荷的安排不够科学，容易导致运动损伤的出现。

(二)整体式安排法

整体式安排法是指依据足球教学大纲的规定，选择一部分技战术教学内容，如运球、踢球、射门等作为主要教学内容，其他内容作为辅助内容的安排方法。这一方法在足球教学中也较为常用。

整体式安排法的优点：突出重点，具有系统性和连贯性，课程内容较为丰富，能根据具体教学实际灵活地调整安排。

整体式安排法的缺点：课程内容较多，主要内容与辅助内容的结合有一定的难度，操作性比较欠缺，需要足球教师具备出色的教学能力和丰富的经验才能执行和实施。

(三)阶段螺旋式安排法

阶段螺旋式安排法是指将足球技术和战术练习分为几个阶段进行，并将这几个阶段的教学内容分解成多个程序。这一安排形式是根据足球教学的基本规律，将教材内容按照逻辑顺序及内在联系，编写成连贯的小单元，从简单到复杂，从容易到困难，有计划、有步骤地体现出大纲的要求。

一般情况下，在足球训练中，阶段螺旋式的安排应遵循循序渐进的原则，重视不同内容之间的关联，上、下节课之间的安排要做到无缝衔接；教学进度合理有序，教学内容安排适合所有学生学习。

三、教学方案

在足球教学中，教师结合教学进度和学生发展的实际，安排相应的教学内容,并由此制定出的教学文件就是教学方案(简称教案)。教案是教师上课的主要依据,教案制定的好坏将直接影响到教师上课的效果和质量。

一般来说,一个完整的足球教案主要包括教学内容、教学目标、内容安排、时间分配、组织教法、运动负荷控制、课后小结与课外作业等内容。教师在编写教案时,要结合学生的身心特点与规律、足球运动基础及发展状态等提出合理的目标与任务。

第三节 校园足球训练计划的制定与实施

足球训练计划是为完成足球课训练任务而制定的一些指导性文件,它对足球训练工作起着重要的指导作用。一般来说,足球训练计划主要有五种类型,即多年训练计划、年度训练计划、阶段训练计划、周训练计划、课时训练计划(图3-4)。

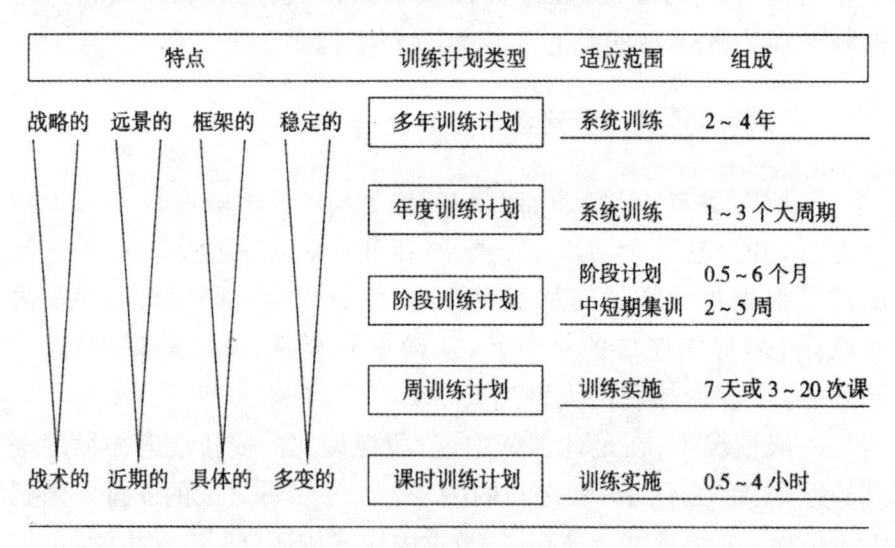

特点	训练计划类型	适应范围	组成
战略的 远景的 框架的 稳定的	多年训练计划	系统训练	2~4年
	年度训练计划	系统训练	1~3个大周期
	阶段训练计划	阶段计划 中短期集训	0.5~6个月 2~5周
	周训练计划	训练实施	7天或3~20次课
战术的 近期的 具体的 多变的	课时训练计划	训练实施	0.5~4小时

图3-4

一、足球运动多年训练计划

(一)概念与特点

多年训练计划是为完成预期目标而制定的一个长远总体规划,它对于球队的长远发展起着重要的统领和指导作用。多年训练计划的范围较广,训练周期一般为两年、三年、四年,球队可以根据自己的建队思路确定合理的训练计划年限。可以说,多年训练计划属于一个全局意义上的最上位的计划,它也是年度训练计划和阶段训练计划制定的主要依据。

(二)制定与运用

在制定足球多年训练计划时,要按照一定的步骤进行。
(1)全面分析当前球队的发展现状及存在的问题。
(2)根据具体实际提出训练指导思想,制定训练任务和训练目标。
(3)确定训练分段以及重点内容。校园青少年足球多年训练的分段:
①儿童阶段:6—10岁。
②青春前期:10—12岁。
③青春期:12—16岁。
④青春后期:16—18岁。
(4)合理确定各阶段足球训练负荷。
(5)初步拟定计划完成情况的检查措施。

二、足球运动年度训练计划

(一)概念与特点

将多年训练计划细化为以年为单位周期的训练计划,就是所谓的年度训练计划。年度训练计划的制定要以多年训练计划为依据,要结合上一年度的训练情况制定训练任务与目标。

(二)制定与运用

(1)分析球队的发展现状及存在问题。
(2)确定训练指导思想和发展目标。
(3)确定训练任务、训练内容和训练手段。
(4)合理划分训练阶段并确定训练内容。
①阶段所处的月份。
②足球训练任务。
③足球训练的时数和课数。
④足球训练负荷指标
⑤足球训练内容的具体安排等。
(5)训练效果检测与保证训练计划顺利进行的措施。

三、足球运动阶段训练计划

(一)概念与特点

阶段训练计划的制定要以年度训练计划为依据进行,在各个训练阶段,要合理确定足球训练的任务、目标、内容、负荷、要求等。总体来看,阶段训练计划具有时间跨度小的特点,整个训练周期可以根据具体的训练实际进行有针对性的调整,具有较强的可操作性。

(二)制定与运用

(1)明确并提出本阶段训练的目标与任务。
(2)确定本阶段训练时间与时数。
(3)确定训练内容与比重。

（4）合理安排运动负荷。

（5）制定训练计划检查措施。

四、足球运动周训练计划

（一）概念与特点

周训练计划是指为进行一周的训练而制定的训练计划。足球周训练计划的制定要以上一级训练计划，即阶段训练计划为依据，它属于一个详细具体的实施性计划。

（二）制定与运用

（1）确定足球训练目标与任务。

（2）确定足球训练次数与时间。

（3）确定足球训练内容与训练负荷。

（4）确定足球训练手段与方法。

五、足球运动课时训练计划

（一）概念与特点

课时训练计划是指依据周训练计划制定的每次训练课的具体计划，该计划大致包含以下内容：

（1）足球训练课的任务、目标、内容、手段、组织方法等。

（2）足球训练恢复措施。

（3）足球训练场地、器材和设备等。

在整个足球训练计划中，课时训练计划属于最下位的实施计划，也是内容最为具体和明晰的训练计划。

（二）制定与运用

（1）确定足球训练课的任务与目标。

（2）合理安排足球训练课的结构,训练时间和内容的安排要符合实际情况。

（3）合理确定训练课的组织形式。

（4）根据学生实际情况合理安排运动负荷。

（5）准备好所需的足球场地和器材。

（6）拟定计划检验与评定方法。

（7）完成训练课后小结。

第四章　校园足球指导员培训体系的建设与发展

我国足球运动的可持续发展，以及校园足球后备人才的挖掘与培养都需要大量的足球教师或足球指导员，只有建立一支高质量的足球指导员队伍，才能保证校园足球运动的健康开展。而要想提高足球指导员队伍的质量，建立一个指导员培训体系是尤为必要的。本章就结合当前我国校园足球发展的实际和足球指导员的现状来分析如何构建一个科学、完善的校园足球指导员培训体系。

第一节　校园足球指导员培训体系的构成

一、足球指导员

与足球教练员不同，足球指导员是组织和开展各种足球活动的人。而足球教练员多是指指导运动员训练和比赛的人，二者有着明显的区别。与足球教练员相比，足球指导员的综合素质较低，他们只要能够科学地组织与管理足球活动即可，而足球教练员既要具备扎实的足球理论知识与运动技能，还要具有先进的训练理念与方法，能独立设计与制定训练计划，从而有效提高运动员的竞技水平。

二、校园足球指导员培训构架

校园足球指导员对学生运动员综合能力的发展具有重要的影响,同时也能对运动员的个性特点产生深远的影响。一般来说,校园足球指导员的培训构架如图4-1所示。

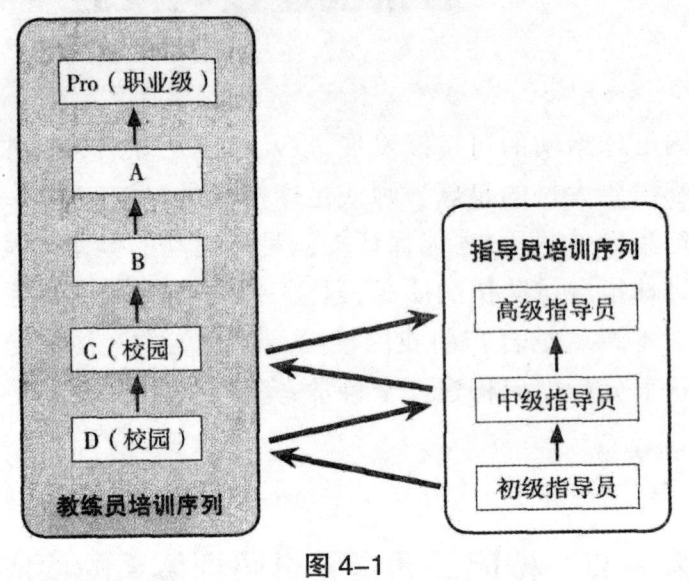

图 4-1

(一)安全

校园足球活动的开展首先要建立在一定的安全基础上,确保运动参与者的安全。

(1)指导员的首要责任就是负责运动参与者的运动安全。

(2)一名合格的校园足球指导员应具有基本急救培训证书。

(3)做好运动伤病的预防与处理准备。指导员要知道如何处理运动员的常见损伤;清楚如何致电紧急求助热线;了解本区域的医院位置等情况;了解和掌握运动参与者的身体状况和伤病情况。

(4)熟悉足球比赛规则。

(5)细致检查足球场地与设施,确保安全无危险因素。

（6）指导运动员合理、安全地做技术动作,避免运动损伤。

（7）指导运动员参加系统性足球训练,帮助运动员充分了解自己的身体状况。

（8）严格监督和控制运动员训练中的危险动作,避免出现伤害事故,以免影响接下来的训练。

（二）运动员培训

（1）培养学生运动员的足球兴趣。

（2）向学生运动员讲解基本的足球比赛规则。

（3）帮助运动员树立正确对待比赛输赢的思想。

（4）运动员自身情况不同,进步速度有所差别,指导员要明白这一情况。

（5）针对不同年龄段的运动员灌输相应的技战术知识。

（6）依据不同年龄段的运动员合理安排足球训练计划,适当调整足球比赛或游戏规则。

（7）安排运动员尝试比赛场上所有的位置。

（8）在训练和比赛中,指导员应以鼓励为主,避免负面批评。

（9）激励运动员积极主动地融入日常训练、比赛和游戏之中,营造良好的训练氛围。

（10）根据运动员的年龄合理确定与调整训练课的长度和次数。

（11）采取一切措施和手段激发运动员的潜能。

（三）运动员比赛

（1）指导运动员养成遵守比赛规则的良好意识与习惯。

（2）培养运动员公平竞赛的精神。

（3）教导运动员尊重球迷、服从裁判判罚。

（4）培养运动员参与比赛的积极性,养成纪律严谨,不违反规则的良好习惯。

（5）反对比赛中的作弊和不良行为。
（6）提倡公平竞争，反对使用违禁药品及刺激物。
（7）与运动员父母建立并保持良好的关系。
（8）冷静处理比赛中的各种突发事故。
（9）对蔑视比赛规则的运动员和工作人员做出严厉的处罚。

（四）道德精神

（1）维护足球运动的声誉。
（2）尊重和服从足球协会、俱乐部、学校教育部门的各项规定。
（3）加强与学校体育部门官员、教练员、观众等的沟通与联系。
（4）为学生树立良好的榜样。
（5）大力宣传与推广足球运动。
（6）鼓励运动员训练和比赛中正确的道德行为。
（7）教导运动员建立良好的生活习惯，不吸烟、不酗酒，远离违禁药品。
（8）培养运动员勇于学习和不断追求上进的精神。

三、指导员培训时数

一般来说，校园足球指导员主要分为初级、中级和高级三个部分，各级指导员的培训时数是不同的。培训人员要在相应的培训时数内完成培训的目标与任务，从而为指导学校足球活动奠定必要的基础。各级校园足球指导员培训时数如图4-2所示。

四、校园足球初、中、高级指导员解读

（1）参与校园初级指导员培训的学员获得1、2、3级合格者方达到初级指导员标准。
（2）校园D级和校园C级同社会D级和社会C级的区别：仅学员学费承担渠道不同。校园序列由校足办承担学费，社会序

列由个人承担。

（3）具备初级指导员证书并经讲师推荐的方可获得考取 D 级足球教练证的资格。只有取得 D 级教练证的人才有资格参与校园中级指导员培训,且合格后方具有校园中级指导员的资质。

（4）只有取得 C 级教练员证的人才有资格参与校园高级指导员培训,且合格后方具有校园高级指导员的资质。

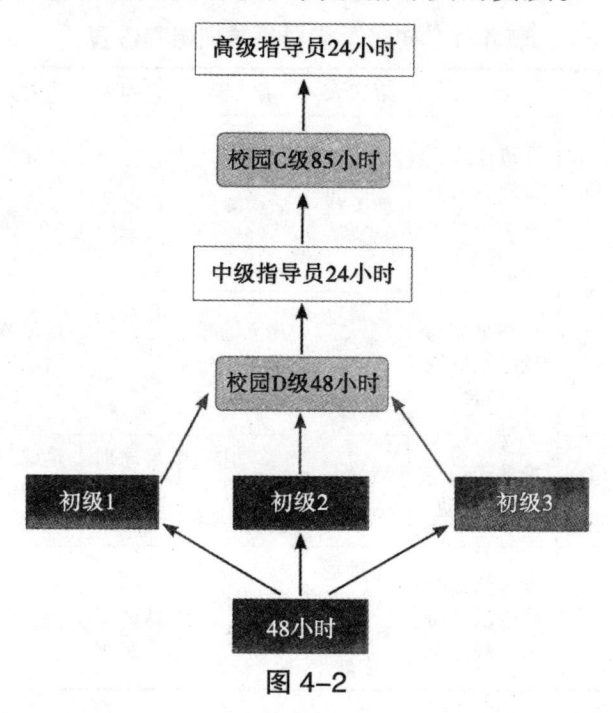

图 4-2

五、对各级指导员的要求

（1）热爱足球,具有高度的足球事业心。
（2）具备出色的身体素质,能接受整个培训过程。
（3）具有积极参与培训与训练的态度。
（4）能积极主动地投入到各项培训工作之中。
（5）曾在基层学校与青少年（6—18 岁）足球训练网点执教。
（6）具有丰富的足球知识。
（7）通过相应的足球评估考试。

六、课程设置

(一)初级指导员培训课程设置

(1)初级 1 指导员培训课程设置(表 4-1)。

表 4-1　初级 1 指导员培训课程设置

内容	第一天	第二天	第三天	第四天	第五天	第六天
8:00—10:00 理论	开班仪式、合影、指导员培训体系介绍	儿童足球游戏编排	校园足球活动海报制作	足球教育价值的讲解	足球节各项活动的组织	青少年五人制足球赛规则介绍
10:00—12:00 实践	草根足球与校园足球的结合	儿童足球游戏——运球	儿童足球游戏——射门	儿童足球游戏——颠球	足球节活动内部实践	五人制足球裁判规则实践
14:00—16:00 理论	准备活动与整理活动	练习课的组织	移动技术、身体素质练习	足球训练方法介绍	足球节各项活动	理论考试
16:00—18:00 实践	准备活动与整理活动游戏	儿童足球游戏——传球	绳梯使用方法	校园足球训练法实例	休息	课程小结

(2)初级 2 指导员培训课程设置(表 4-2)。

表 4-2　初级 2 指导员培训课程设置

内容	第一天	第二天	第三天	第四天	第五天	第六天
8:00—10:00 理论	开班仪式、合影、指导员培训体系介绍	儿童足球技术	儿童特点介绍	小场地足球比赛特点	足球节各项活动的组织	8对8足球比赛介绍
10:00—12:00 实践	草根足球与校园足球的结合	儿童足球游戏——运球	儿童足球游戏——射门及守门员技术	小场地足球比赛	足球节活动内部实践	8对8足球比赛演示

第四章 校园足球指导员培训体系的建设与发展

续表

内容	第一天	第二天	第三天	第四天	第五天	第六天
14:00—16:00 理论	准备活动与整理活动	儿童足球游戏、小组讨论	移动技术、身体素质练习	足球竞赛的组织与安排	组织足球节活动	理论考试
16:00—18:00 实践	准备活动与整理活动游戏	儿童足球游戏——传球	绳梯使用方法	4对4比赛	休息	课程小结

（3）初级3指导员培训课程设置（表4-3）。

表4-3 初级3指导员培训课程设置

内容	第一天	第二天	第三天	第四天	第五天	第六天
8:00—10:00 理论	开班仪式、合影、指导员培训体系介绍	比赛原则阐述	青少年足球运动员选材	足球运动保健知识	足球训练理念讲解	11人制比赛规则介绍
10:00—12:00 实践	校园足球经验沟通与交流	儿童足球游戏——运球	儿童足球游戏——突破过人	儿童足球游戏——各部位颠球	训练理念实践演示	11人制比赛裁判实践
14:00—16:00 理论	准备活动与整理活动	比赛组织与指导	身体对抗练习	学习足球相关学科知识	运动营养介绍	理论考试
16:00—18:00 实践	准备活动与整理活动游戏	儿童足球游戏——护球	儿童足球游戏——传球	儿童足球游戏——射门	儿童足球游戏——守门员技术	课程小结

（二）中级指导员培训课程设置

中级指导员培训课程设置（表4-4）。

表 4-4　中级指导员培训课程设置

内容	第一天	第二天	第三天
8:00—10:00 理论	开班仪式、合影、指导员培训体系介绍	激励队员、小组讨论实践课内容二	教育心理学、小组陈述实践课内容四
10:00—12:00 实践	交流教学经验	小组实践二	小组实践四
14:00—16:00 理论	足球技术与技能阐述	教学法、小组陈述实践课内容三	理论考核
16:00—18:00 实践	小组实践一	小组实践三	反馈评估

（三）高级指导员培训课程设置

高级指导员培训课程设置（表 4-5）。

表 4-5　高级指导员培训课程设置

内容	第一天	第二天	第三天
8:00—10:00 理论	开班仪式、合影、指导员培训体系介绍	补充营养时间选择、小组讨论实践课内容二	建立信息收集体系、小组陈述实践课内容四
10:00—12:00 实践	交流教学经验	小组实践二	小组实践四
14:00—16:00 理论	训练中的心理疲劳、小组实践课内容三	体育道德行为、小组陈述实践课内容三	理论考核
16:00—18:00 实践	小组实践一	小组实践三	反馈评估

第二节 校园足球指导员培训教程的制定

一、制定校园足球指导员培训教程的依据和目的

（一）制定校园足球指导员培训教程的依据

制定校园足球指导员培训教程需要有一定的依据，总体来看，其依据主要有四个方面：一是依据中国青少年学生素质教育培养目标的需要；二是依据学生的身体发育规律；三是依据我国校园足球的发展现状与走向；四是依据我国校园足球运动开展的现实需要。只有以上四个方面为依据，才能制定出科学、完善的指导员培训教程，从而培养出高质量的足球教育人才，为中国足球的发展提供一定的帮助。

（二）制定校园足球指导员培训教程的目的

制定校园足球指导员培训教程的主要目的在于向全国的校园足球工作人员，包括指导员、讲师、足球教师以及青少年学生等介绍现代校园足球运动发展的趋势与特点，为他们参加足球运动提供必要的理论与实践指导。另外，还能为校园足球工作人员建立一个统一、完善的科学训练体系，从而实现强教先强师，提高人才培养质量的目的。

二、制定校园足球指导员培训教程的基本原则

制定校园足球指导员培训教程需要遵循一定的原则，唯有如此，制定出的培训教程才具有科学性和有效性，才能促进校园足球指导员真正意义上的发展。其基本原则主要有以下几个：

(一)教育性原则

通过参加各种各样的足球活动,学生能在其中形成良好的团队协作精神,养成遵守规则、尊重他人、意志坚强等一系列优良品质,从而为终身发展奠定良好的基础。因此,在制定校园足球指导员培训教程时,要本着教育性原则进行,制定的各项规章制度和文件等要符合教育性原则的要求。

(二)安全性原则

良好的校园足球指导员培训教程必须是安全有效的,同时,安全、顺利地组织开展足球教学与训练活动也是指导员的主要职责,因此校园足球指导员培训教程的制定要体现安全性这一基本原则。

(三)目的性原则

制定校园足球指导员培训教程还要遵循目的性原则。具体而言,就是指任何运动项目的训练都需要设定一定的目标,有一定的目的。校园足球指导员培训教程有多重目的,提高运动员身体素质,提高运动员技能水平,发展心理与智能等都是重要的目的。作为一名合格的校园足球指导员,必须要对当天的训练目的心中有数,明确每次训练课的目的,为最终实现训练目标而努力。

(四)计划性原则

一般来说,开展任何工作之前都要预先拟定一定的计划,即遵循计划性原则,制定校园足球指导员培训教程也是如此。通常来说,在制定校园足球指导员培训计划时,需要考虑以下几点:课程目的、训练场地与器材、训练时间和人数、训练辅助手段、训练方法及其他要素等。

(五)趣味性原则

为提高学生运动员参与足球训练的积极性,指导员所设计的训练方案要具有一定的趣味性,因此,制定培训教程时也应体现趣味性原则。一般来说,制定训练计划时,要注意利用不同难易程度的训练方法,多利用游戏法进行训练,以激发青少年足球运动员的积极性,提高运动员主动参与足球学习与训练的意识。

(六)适宜负荷性原则

科学地安排训练强度与时间,对于青少年健康成长以及技能的形成与发展非常重要,因此,制定培训教程时应体现负荷性原则。一般来说,制定训练计划时,既要遵循技能形成发展的规律进行重复性练习,同时又要注意到在大强度训练后的恢复。

(七)差异性原则

由于每个人都是不同的,在身体素质、个性特点、运动水平、综合能力等方面都存在着较大的差异,因此,在制定校园足球指导员培训教程时,要注重对个体的分析,本着差异性的原则进行,实施因材施教。

(八)特殊性原则

足球运动是参与者主要用脚来操作的运动,具备良好的球感与意识至关重要,因此,在平时的训练中要尽量地结合球进行练习。这就是足球指导员培训教程的特殊性原则。

(九)竞争性原则

足球是一项身体对抗比较强烈的运动项目,比赛中双方运动员对球的争夺非常激烈,比赛过程中充满了强烈的竞争性。因此,在日常训练中应尽可能选择包含对抗和比赛因素的训练手段,设计的教学与训练计划要体现出明显的竞争性。

第三节　校园足球指导员培训计划的制定与实施

一、制定指导员培训内容及教学安排

（一）初级指导员培训

1. 理论培训内容

（1）校园足球指导员培训体系介绍。

（2）草根足球与校园足球的结合。

（3）适合儿童的准备活动和整理活动。

（4）儿童足球游戏的组织与编排。

（5）足球训练计划的制定以及训练课的组织与安排。

（6）校园足球活动海报的设计。

（7）发展运动员的协调性、灵敏性素质与基本移动技术。

（8）足球的教育价值与功能。

（9）校园足球训练内容、手段与方法。

（10）校园足球节各项活动的组织与安排。

（11）青少年足球5人制比赛的规则简介。

（12）中国校园足球发展情况介绍。

（13）儿童足球技术内容介绍。

（14）不同年龄段儿童的个性特点。

（15）青少年协调性素质要求。

（16）小场地足球比赛的规则与特点。

（17）校园足球竞赛活动的组织与编排。

（18）8对8足球比赛规则介绍。

（19）竞技足球比赛原则简介。

（20）足球比赛的组织与指导。

（21）学生足球运动员的各项测试。

（22）青少年足球运动员的身体对抗与有球练习。

（23）青少年足球运动员的安全与健康教育。

（24）学习如何提高足球素质。

（25）包容性训练理念。

（26）足球运动员的营养与保健知识。

（27）11人制比赛规则简介、足球理论考试反馈和开班仪式，每班不超过50人。

2. 实践培训内容

（1）准备活动和整理活动游戏。

（2）儿童足球游戏——运球练习。

（3）儿童足球游戏——颠球（足、头、大腿等）练习。

（4）儿童足球游戏——接控球练习。

（5）儿童足球游戏——短传球练习。

（6）儿童足球游戏——长传球练习。

（7）儿童足球游戏——射门练习。

（8）协调性、灵活性、移动技术练习。

（9）绳梯的使用方法。

（10）守门员技术练习。

（11）4对4或5对5比赛练习。

（12）足球训练授课方法实例。

（13）组织足球节活动。

（14）8对8比赛。

（15）包容性训练。

（16）11人制比赛规则实践。

（二）中级指导员培训

1. 理论培训内容

（1）足球基本技术动作。

（2）激发运动员参加训练的积极性。
（3）青少年足球教学与训练的要点。
（4）足球运动员训练中的各种心理问题。
（5）足球理论考试。
（6）反馈和开班仪式。
（7）小组讨论实践课。

2. 实践培训内容

（1）带球练习。
（2）传、接、控球练习。
（3）创造射门机会和得分。
（4）个人防守、压迫、抢球练习。

（三）高级指导员培训

1. 理论培训内容

（1）运动疲劳产生的原因。
（2）营养补充的方法。
（3）体育道德行为阐释。
（4）建立信息收集渠道。
（5）足球理论考试。

2. 实践培训内容

（1）由守转攻练习。
（2）小组进攻练习。
（3）由攻转守练习。
（4）小组防守练习。

二、明确培训组织机构的职责

（一）培训组织机构

（1）全国校园足球办公室。

（2）全国校园足球办公室指定的其他部门（如地方校园足球办公室及各类体育院校等）。

（二）培训组织机构的职责

（1）筹办培训项目，提供培训信息，开展培训宣传，选拔培训工作人员与受训人员。

（2）安排培训的日程与时间。

（3）筹备各种培训器材与设施。

（4）根据培训人员情况确定授课讲师。

（5）每年11月前报下一年培训计划。

（6）最迟在30天前，以书面形式正式通知所有参加培训的指导员。

（7）向所有指导员传达与培训相关的详细内容。

①培训地点。

②培训时间。

③培训学员人数。

④能提供的培训设备。

⑤如何安排培训器材设备。

（8）为所有教师提供培训必需的纸张（考试用纸、教案纸、评价表等）。

（9）安排以下事项：

①讲课设备的配置。

②讲师与学员食宿的安排。

③培训服装的提供。

④培训场地的安排。

⑤理论和实践课场所的要求。

⑥医疗条件。

（10）交通工具的安排。

（11）教学对象的安排。

(三)培训结束后的职责

(1)归还所有培训设备及器材。

(2)培训结束10天内向全国校园足球办公室培训部门通报培训结果。

(3)所有参与培训学员的成绩应以书面形式通报。

三、指导员培训实施与评价

(一)指导员培训条件与设施

1. 指导员培训的基本条件与必要设备

(1)培训班学员和讲师的配比应不小于30∶1。

(2)标准足球场(不小于8人制)。

(3)标准足球门(最好可以移动)。

(4)球场要保证安全与平整。

(5)保证每两名学员有一个足球。

(6)训练中的对抗服2套。

(7)配置场地标志物。

(8)配置电教设备。

(9)配备统一的训练服装。

(10)配备考试专用教室。

(11)准备运动饮料。

2. 附加设备

(1)气筒。

(2)气针。

(3)文具用品。

(4)球袋。

(5)太阳伞。

（二）培训讲师的聘用

（1）一般情况下，校园足球初级指导员讲师须得到全国校足办的资质认证，除此之外，还要满足以下要求：

①主讲师应为Ⅱ足联8级以上教练员。

②助理讲师应为亚足联C级以上教练员。

（2）校园足球中级指导员讲师，除须具备初级指导员讲师资格外，还须是中国足协D级教练员讲师。

（3）校园足球高级指导员讲师，除须具备中级指导员讲师资格外，还须是中国足协C级教练员讲师。

（4）全国校足办最迟在培训前两周通知被聘用的讲师。

（5）被聘用的讲师应尽早给予回复，确定是否参加培训。

（6）在培训前讲师需从地方校足办得到培训班如下资料信息：

①学员信息。

②培训理论授课点、场地与器材的配置。

③食宿条件。

④班主任信息和协助情况。

⑤其他培训资料。

（7）根据授课对象水平制定培训课程表。

（三）培训管理

1. 实践考试评价

（1）把培训学员分成若干组，分别进行考试。

（2）布置实践考试题目。

（3）记录考试题目，评定等级，填写评价表。

（4）记录学员考试所用时间。

（5）给予每名学员客观而准确的点评。

2. 实施理论考试评价

（1）安排临考，每次考试时间规定2小时。

（2）准备好考试文具用品。

（3）确保考试环境安静舒适。

（4）对卷面不清晰的地方给予必要的解释。

（5）进行评分。

3. 妥善处理培训结束后的工作

（1）两周内将电子版成绩单上报培训班并上交全国校园足球办公室备案。

（2）上报培训总结。

（3）妥善保管考试试卷。

（4）结算聘用讲师所有费用。

（5）学员考勤汇总。

（四）指导员实践课评价

1. 指导员总体印象评价

（1）服装与仪表。

（2）态度与热情。

（3）鼓励与激励手段的运用。

2. 训练的组织与安排评价

（1）场地、设备的安排与利用。

（2）训练场景的布置。

（3）灵活处理训练问题的能力。

3. 观察指导评价

（1）能否及时找出训练中的问题。

（2）能否及时地解决问题。

（3）纠错后的训练进展与效果。

4. 沟通与交流评价

（1）是否清晰了解足球训练的主题。

（2）沟通效果是否良好。

（3）示范是否正确。

制定的校园足球指导员培训教程应根据不同的类别体现出不同特点，一般情况下，对初级指导员应着重关注其总体印象，对中级指导员应重点关注教学活动的组织与安排，对高级指导员应重点关注其对学员的指导以及沟通与交流。

第四节　校园足球指导员培训体系建设策略

近年来，随着党和国家领导人的高度重视，我国校园足球运动的发展迎来了春天，一系列关于校园足球发展的政策与文件的出台为校园足球的发展提供了良好的制度保障，在这样的背景下，我国校园足球活动如火如荼地开展起来了。目前来看，我国校园足球活动的内容主要包括以下四个方面：

第一，校园足球特色"校本课程"的建设与发展。

第二，校内、课外足球活动与竞赛活动的开展，有效地宣传与推广了足球运动。

第三，课余训练及足球俱乐部的开展成为青少年足球后备人才的重要培养路径。

第四，青少年校园足球联赛的开展大大提高了校园足球活动在社会上的影响力。

在新的时代背景下，我们应继续利用一切可以利用的资源去发展校园足球运动，其中校园足球指导员的培养作为重要的一环，理应受到高度重视。可以说，建立一个科学、完善的校园足球指导员培训体系对于挖掘与培养足球后备人才，促进我国足球运动的可持续发展具有深远的影响和意义。结合当前我国校园足球指导员的发展现状，下面提出具体的发展对策。

一、成立校园足球指导员培训协会

当前,我国大部分学校的足球活动主要是由教委和体育局共同负责的,校园足球办公室主要负责校园足球活动的具体事宜。结合当前我国校园足球的发展现状,应该由教委和体育局继续合作,由教委负责协调工作人员,体育局提供足球专业人才,共同组成指导员培训协会,负责开展具体的培训工作。

二、建立校园足球指导员培训中心

建立校园足球指导员培训中心也是一个非常重要的途径,其目的主要是提高足球指导员的综合素质,需要注意的是,这一培训中心要有一个固定的场所,除非特殊情况,否则不能随意变动。

据相关调查,绝大部分的指导员都认为成立校园足球指导员培训中心是非常有必要的,他们都希望拥有一个固定的培训场所可供大家交流与学习,促进综合素质的发展和提高。

三、进一步完善校园足球指导员资格证书制度

当前,我国校园足球指导员资格证书制度还很不健全和完善,与我国校园足球的发展情况不完全相符,要想加大校园足球指导员的培训力度,首先就要建立一个完善的制度体系。由于我国校园足球发展的准备时间较短,最初为了迅速扩大指导员规模,对指导员资格的规定比较松,而随着校园足球的大力发展,目前校园足球活动指导员已经被纳入 D 级足球教练员行列,参加统一的指导员培训就可以拿到 D 级足球教练员等级证书。因此,今后在我国校园足球发展过程中,要严格落实指导员的执政上岗制度,鼓励指导员积极参加各种培训。[①] 一般来说,可以把目前的指

---

① 毕京坤.上海市青少年校园足球活动指导员培训研究[D].上海体育学院,2011.

导员培训上岗制度过渡到培训加继续教育上岗制度,最后争取达到指导员考核上岗的目标,这对于提高我国校园足球指导员的综合素质具有非常大的帮助。

四、建立切实可行的校园足球指导员注册制度

总体来看,目前我国校园足球活动相关制度都还存在着一定的问题,各项制度还很不健全和完善,有的制度不够规范和合理,有的制度难以贯彻执行。其中一个比较突出的问题是校园足球指导员注册制度在我国还没有建立。据调查,目前我国现有的校园足球指导员90%以上都是在校的体育教师,这是当初扩大校园足球规模的结果,但随着我国校园足球的进一步发展,需要众多的高素质的指导员来推动校园足球更快、更好地发展,在这样的形势下,就必须要调整政策,建立一个严格的指导员注册制度。只有通过注册的指导员才有资格参与各项校园足球活动,没有注册的指导员禁止其参加校园足球活动。

五、重视校园足球指导员培训讲师的选定

在建立校园足球指导员培训体系的过程中,还要十分重视培训讲师的选定,一名出色的培训教师除必须要具备丰富的足球理论知识和青少年足球训练知识外,还要具备组织校园足球各项活动的能力。

一般来说,校园足球培训讲师的来源有很多,其中,体育基础理论专家、青少年足球教练、具有丰富教学经验的教师以及高水平足球运动员都可以是选择的目标。

相关部门及领导要在严格执行培训讲师录用制度的基础上,选定合格的足球讲师,从而保证校园足球指导员培训活动的顺利进行。

六、编写高质量的校园足球指导员培训教材

大量的实践与事实表明,建设足球特色"校本课程"是开展校园足球活动的重要基础。而丰富多彩的校内课外足球活动则是校园足球发展的重要环节与内容。在校园足球指导员培训体系中,要把这两项培训内容作为重中之重。当前,我国所使用的足球指导员培训教材与我国的具体实际有所出入,因此,编写一套适合我国国情的校园足球指导员培训教材就显得尤为重要,因为一个良好的符合当前我国校园足球实际的指导员培训教材能为我国校园足球指导员的培训指明方向。

七、注重科学设置校园足球指导员培训课程

在校园足球指导员培训课程中,理论课程和实践课程是极其重要的两个部分。这两个部分的设置将直接影响到指导员培训的质量。据调查统计,绝大部分的指导员认为实践课程应多于理论课程,这两个方面的课程安排要具有针对性,要符合当前我国校园足球教学的现状。另外,足球校本课程的建设、校内外足球活动和竞赛的内容都应纳入其中,这对于培养大量的高质量足球指导员具有重要的意义。

八、合理安排校园足球指导员培训形式

目前,我国校园足球指导员培训的时间大都在3天以内,受时间因素的制约,一般安排在周末进行,而且是走读形式,这对于指导员来说相当于增加了额外的工作。据相关调查,有一部分指导员建议,应该适当延长培训时间,并且统一实行寄宿制,以保证培训的质量。为提高培训的质量,为指导员提供方便,培训部门应考虑指导员的具体实际,合理安排培训形式。

九、加大校园足球指导员培训的财政投入

要促进校园足球指导员培训体系的建设,还要加大培训的财政投入力度,在硬件建设和软件投入方面都要重视起来。例如,聘请国内外高水平讲师进行讲学,组织指导员进行实地考察和交流。采取奖励的形式鼓励指导员参加各种培训活动,提高指导员参与的积极性。

十、加强对校园足球指导员的继续教育

由于我国校园足球活动的起步时间较短,各项准备工作还没有完全落实,因此在活动开展过程中会出现各种问题。这就要求指导员要随时发现问题,并加以解决。因此,相关部门在组织指导员的培训后,还要对指导员进行再培训,以促进指导员水平的进一步提高。俗话说,"学无止境",加强对校园足球指导员的继续教育就体现了这一点。

第五章　校园足球后备人才培养与管理

要促进校园足球后备人才的健康发展,建立一个科学的培养与管理体系是尤为重要的,这一体系涵盖的要素非常多,教练员、体育教师、学生、组织与管理人员、后勤人员等都是其中重要的要素。进行管理的主要目的是促进校园足球后备人才培养质量的提高,促进后备人才的全面发展。

第一节　校园足球后备人才竞技能力结构分析

一、竞技能力的概念

竞技能力是我国运动训练理论界所创造的一个词语,它是从运动能力、训练水平和运动成绩三个词语演化而来的。其中,运动能力是指人们参加体育活动的能力,其涵盖范围比竞技能力要更为广泛;训练水平是指运动员经过训练而达到的竞技能力水平,其对运动员训练状态的表达不如竞技能力具体和明确;运动成绩则是指运动员在比赛中获得的结果,它能在一定程度上体现出运动员的竞技水平,但与竞技能力也存在一定的差别。

可以说,竞技能力是运动能力、训练水平和运动成绩这三种概念的综合表现,具体而言,足球运动员的竞技能力,就是指其在以身体练习为主要形式的运动场上所体现出来的综合素养。

第五章　校园足球后备人才培养与管理

二、校园足球后备人才需具备的竞技能力

(一)体能

体能在足球运动竞技能力体系中占据着重要的地位,它是运动员参加足球训练和比赛的基础,也是运动员技战术水平获得提高的基础,没一个良好的体能做基础,运动员的技战术水平就难以得到发挥和提高。可以说,在足球运动中,没有一个良好的体能,任何技术和战术的实施都将成为空谈,更不要说取得优异的比赛成绩了。因此,在平时的足球训练中,运动员一定要将体能训练作为一个重要的环节,加强体能的储备与训练。

1. 基础体能

一般来说,足球运动员的基础体能素质主要包括力量、速度、耐力、协调性等几个方面。

2. 专项体能

不同运动项目有自身的特点,其对运动员的体能要求也是不同的。对于足球运动而言,要求运动员具备良好的爆发力和耐力素质这些专项体能,因而加强足球运动员的专项体能训练尤为重要,这是提高足球运动员专项技能水平的重要基础和保证。

(二)运动技能

一般来说,足球运动技能主要包括技术和战术两大部分,是足球运动员所必须具备的重要的竞技能力,这两种竞技能力直接决定着运动员的运动水平和比赛成绩。

1. 技术能力

出色的个人技术对于足球运动员而言意义重大,它往往决定着一名运动员的发展潜力和运动水平。与体能素质一样,足球运

动员的技术并不是始终不变的,在不同的情况下也会发生变异,这一变异主要有正变异和负变异之分。当发生正变异时,运动员的技术动作会更加合理,处理比赛场上复杂局面时会更加合理和有效;当出现负变异时,运动员所做的动作的技术质量会降低,从而难以把控比赛局面,使本方陷入被动状态。因此说,足球运动员在比赛中要追求正变异,使比赛形势向着有利于本方的方向发展。

2. 战术能力

战术能力是指足球运动员在训练或比赛中,通过判断并分析对手技术弱势与优势,采取一定的策略遏制对手进攻或攻破对手防守的一种战术实施。

在足球比赛中,运动员必须要具备良好的战术意识,这样才能充分贯彻和执行主教练的战术意图。除此之外,运动员还需要具备良好的随机应变的能力。足球比赛变化莫测,常会出现各种各样的意外情况,在具体的比赛中,运动员要根据实际情况对原有战术进行一定的调整,确保比赛形势向着有利于本方的方向发展,这对于良好成绩的取得具有重要的意义。

(三)心理能力

心理能力是足球运动员在比赛中心理素质的综合表现,现代足球运动竞争越来越激烈,要想获得理想的比赛成绩,运动员还需要具备良好的心理素质。一般来说,足球运动员的心理能力主要体现在以下几个方面:

1. 精确的运动知觉

运动知觉是一种重要的心理竞技能力。具备良好运动知觉的运动员能准确地分析人体和物体运动的各种信息,从而精确地感知事物运动的方向、快慢、位置等。运动员的这一运动感知能力需要通过长期坚持不懈的训练才能获得。

2. 优秀的意志品质

作为一名合格的足球运动员,必须要具备良好的意志品质,这一意志品质主要表现在运动员的果断性、坚韧性、勇敢顽强、积极主动等方面,运动员的意志品质对于良好比赛成绩的获得非常重要,因此教练员和运动员都要重视意志品质的培养和提高。

足球比赛竞争异常激烈,整场比赛下来,运动员的体力消耗非常大,在关键时刻,只有具备良好心理素质和意志品质的运动员才能经受住巨大的考验,从而为获得比赛的胜利奠定基础。

3. 情绪、思维、注意力

情绪是人对客观事物的态度体验及相应行为的反应。在足球比赛中,运动员情绪的稳定性将直接影响到其竞技水平的发挥。情绪也是运动员最佳心理状态中最为核心的内容,无论是在训练还是比赛中,运动员都必须要保证良好的情绪,因为只有在良好的情绪状态下,运动员的竞技水平和技能的发挥才能达到最高点。

在足球比赛中,当出现突发状况时,运动员必须要迅速做出应答反应,以及时应对场上形势。而要想达到这一目的,运动员就必须要具备出色的思维能力。现代足球比赛竞争越来越激烈,优秀的运动员往往能根据自己的经验和知识妥善解决比赛中的各种问题,也就是说这一部分运动员具有良好的思维应变能力。

在足球比赛中,运动员还必须具备良好的注意力,这样才能把握攻与守的最佳时机,获得比赛的主动,使比赛形势向着有利于己方的方向发展。足球比赛时间长,运动员的体力消耗非常大,运动员必须在较长的时间里保持高度的注意力,这对于运动员而言是一个极大的考验,作为一名优秀的足球运动员,即使身体处于疲劳的状态之下,也必须要保持高度集中的注意力,这样才能发挥良好的运动水平。

4. 心理相容性和内聚力

足球是一项团体性运动项目,运动成绩的取得依赖于个体与集体的共同发挥。因此,不仅要求个人具有良好的心理相容性和内聚力,还要求整个运动队也具备这方面的素质。只有如此,运动员才能在比赛中密切配合,充分发挥出集体的力量,从而获得比赛的胜利。

(四)运动智能

1. 一般智能

一般来说,一般智能主要包括智力潜能和智力能力两个方面,这两个方面之间的联系非常紧密。其中,智力潜能主要包括观察力、想象力、记忆力、思维力和注意力等五个方面;智力能力则主要包括计划能力、组织能力、操作能力、创造能力和适应能力等。

对于足球运动员而言,至少要具备中等程度的智力发展水平,这是其从事足球运动职业的保证,但需要注意的是,一名高水平的足球运动员不一定非要具备高水平的智力。

2. 特殊智能

在竞技体育中,特殊智能主要是由一般智能中某些因素和特殊能力的某些因素,以及运动活动的实际操作能力、适应能力和创造能力与足球运动员的观察力、记忆力、注意力、想象力和思维力等有机结合形成的。具备特殊智能的运动员往往具有极大的发展潜力,这一超乎寻常人的能力能帮助运动员成为佼佼者,因此这一能力受到极大的重视,在足球后备人才的挖掘与培养中要十分重视开发运动员的特殊智能。

三、校园足球后备人才竞技能力发展原则

(一)全面均衡发展原则

一般来说,足球运动员的竞技能力主要分为隐性因素(内隐因素)和显性因素(外显因素)两个层次(图5-1)。足球运动员的隐性因素主要包括运动员的体能、智能、心理和团队精神等方面。性格、家庭背景、训练氛围等都会在一定程度上影响运动员的智能、意志、心理等,因此,要针对以上方面合理展开有针对性的训练。足球运动员竞技能力的显性因素主要体现在技战术方面,一般来说,主要包括进攻与防守两个方面。

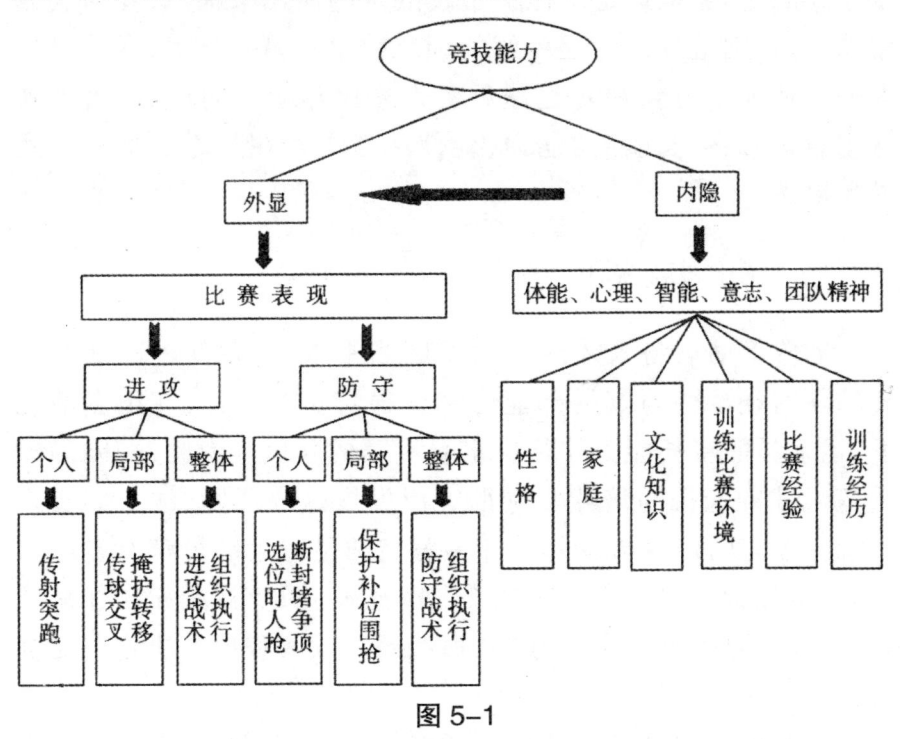

```
                        竞技能力
                       /        \
                   外显    ←     内隐
                    ↓              ↓
                 比赛表现     体能、心理、智能、意志、团队精神
                  /    \            |
                进攻    防守    性格 家庭 文化知识 训练比赛环境 比赛经验 训练经历
              /|\      /|\
          个人 局部 整体  个人 局部 整体
           ↓   ↓   ↓    ↓   ↓   ↓
          传  掩  组   断  保  组
          射  护  织   封  护  织
          突  传  进   堵  补  防
          跑  球  攻   争  位  守
              交  战   顶  围  战
              叉  术   选  抢  术
                      位
                      盯
                      人
                      抢
```

图 5-1

现代足球比赛竞争异常激烈,比赛中充满了大量的身体对抗,运动员竞技水平的发挥受多种因素的影响,运动员要想提高自己的运动水平,获得良好的比赛效益,就必须要在平时的训练

中注重综合素质的训练。

在足球运动中,只重视后备人才的训练和比赛是远远不够的,还要在其他方面为足球运动员的发展做好充分的保障,如运动营养、运动保健、训练恢复方法、足球文化环境、资金保障、球队建设等,只有以上各方面得到统一发展,运动员的竞技能力才能得到全面、均衡的发展。

(二)统一发展原则

根据以上分析可知,足球运动员的竞技能力主要包括内隐因素与外显因素两个方面,校园足球后备人才要想体现自己的竞技能力,首先就要加强自身体能、智能、心理等隐性因素的训练。需要注意的是,要依据足球比赛中技战术的应用来训练,要与实战相结合,否则就难以保证良好的训练效果。另一方面,在平时的训练中还要十分重视对足球后备人才比赛能力的培养,培养其球场意识和参与比赛的能力,促使后备人才在各方面都获得发展和提高。

(三)突出发展原则

足球运动后备人才的全面发展非常重要,在促进其全面发展的同时还要注意其局部能力和优势特长的发挥,在很多情况下,运动员的特长能力往往决定着比赛的胜负。因此,校园足球后备人才的挖掘与培养要贯彻突出发展这一原则,注重后备人才特殊才能的培养与发展。许多著名的足球运动员都有自己擅长的竞技能力,如马拉多纳擅长带球突破;贝克汉姆擅长任意球等,这些能力都属于他们的"致命武器",很大程度上决定着比赛的胜负。

综上所述,在校园足球运动后备人才的培养过程中,教练员要遵循以上基本原则,重视足球后备人才综合能力的培养和提高,促进其足球竞技水平的发展。

第二节 校园足球后备人才的选拔与培养

一、校园足球后备人才的选拔

(一)校园足球后备人才选拔的原则

1. 公平公开原则

校园足球后备人才的选拔必须要建立在公平公开的原则基础之上,只有做到公平合理,才能选拔出真正具有发展潜力和高水平的足球人才,这是我国足球运动发展的重要一环。在选拔校园足球后备人才的过程中,要重视选才标准的客观性,并要做到实事求是,择优选用。

2. 德才兼备原则

"德才兼备"是校园足球后备人才选拔所应遵循的一个基本原则,这一原则是选才工作者识别和发现足球后备人才的重要依据和基础。

在足球后备人才选拔中,"德才兼备"中的"才"是指专业素质,其内容主要包括两方面:一方面是足球专项能力;另一方面是足球运动员应具备的基本形态、体能素质、心智素质、足球技战术水平等多方面的素质。在选拔足球后备人才时,选才工作者应根据那些与提高足球专项成绩相关的重要指标进行系统的选才。

"德才兼备"中的"德"主要是指被选的校园足球后备人才要达到一定的政治标准,要具备良好的品德素质,否则就不能录用。

3. 注重潜力原则

在选拔校园足球后备人才时,不仅要看其当下综合素质,还要看其未来的发展潜力,这样才能准确预测运动员未来的发展前景。潜力可以说是一名运动员能否在将来获得良好发展的重要条件,它对于人才成长的高度具有重要的决定性作用。

校园足球后备人才的选拔要十分重视人才的发展潜力,选才工作者在选才工作中,不能只看运动员当前的表现,还要预测其未来的发展程度,从而选拔出既有一定运动水平又有发展潜力的运动人才,这样才能促进我国足球运动的可持续发展。

4. 有利发展原则

有利发展原则是指校园足球后备人才的选拔应有利于整个足球运动的发展。足球运动的竞争归根结底是足球人才之间的竞争,因此,世界各国都非常重视足球后备人才的培养,这是一个国家足球运动可持续发展的重要基础。

校园足球后备人才选拔的有利发展原则要求选才工作者要着眼于我国整个足球运动的未来发展,从总体上进行考虑,对我国足球运动需要培养和引进什么样的人才,以及人才引进比例等问题都要全盘考虑。

(二)校园足球后备人才选拔的要求

1. 重视运动能力的遗传特征

通过大量的调查研究与实践发现,遗传因素对于运动员个人运动能力的发展具有重要的影响,因此,在选拔校园足球后备人才时要充分考虑运动员的遗传特征。

(1)重视遗传的连续性特征。具体表现为父母的某些特征会体现在子女身上,子女的这些特征又会继续遗传给他们的子女。

(2)重视遗传的相关性特征。一般情况下,遗传都会表现出一定的相关性,如身材高大的人一般情况下生的子女都比较高大。

(3)重视遗传的阶段性特征。受各种因素的影响,遗传具有一定的敏感期和最佳发展期,在这两个时期可根据相关的阶段性特点优先发展运动员的某种竞技能力,从而起到事半功倍的效果。

2. 选才要与足球专项特点相符

在选拔足球后备人才时,还要结合足球运动的专项特点进行,这是足球选才的重要依据和要求,只有以足球专项运动的特点为依据进行科学的选才,才能选拔出与我国足球运动发展水平相符的专业人才。

在选拔校园足球后备人才时,要综合考察选拔对象各方面的因素,如身体素质、心理能力、运动基础和专业水平等几个方面。例如,在足球比赛中,运动员经常需要做反复的起动跑和冲刺跑,以达到控球和掌控比赛节奏的目的,因此说,起动速度、反应速度和灵敏素质等对于足球运动员而言具有至关重要的作用,在选才时就要高度重视这几个方面,将其作为足球选才的重要内容。

3. 把握校园足球运动员的年龄特点

要想成为一名出色的足球运动员,需要长期坚持系统性训练。对于青少年而言,其生长发育过程不是等速增长的,而是呈现出波浪式向前发展的特点。因此,在进行校园足球后备人才选才的过程中要充分认识到这一点,正确区别不同青少年运动员的发育程度和特点,有针对性地对待每一名青少年足球人才,在把握足球人才年龄特点的基础上,既要注重其现有的运动水平,还要考虑其未来发展的潜力。

二、校园足球后备人才的培养

(一)校园足球后备人才培养的内容

1. 文化知识培养

(1)文化知识内容构成

①一般文化课知识

作为一名优秀的足球运动员,除了要具备高超的运动技能外,还必须要具备一定的文化知识。尽管表面上来看,这些文化知识对运动员的作用不大,但它却潜移默化地对运动员产生着影响,比如,一名拥有丰富文化知识的足球运动员能迅速而准确地理解主教练的战术意图,从而贯彻与执行到足球比赛中,促进自身运动水平的发挥,这就是良好文化知识素质的体现。

②体育基本理论

一般来说,体育基本理论知识主要包括体育卫生常识、运动锻炼方法、医务监督、体育竞赛方法等内容。学习和掌握这些体育理论知识,能帮助学生更好地参加校园足球教学与训练。

(2)培养校园足球后备人才文化知识素质的举措

①大力推进校园足球运动教学改革

学训矛盾是当前校园足球运动发展中的一个重要问题,学习与训练的比重,学习与训练活动如何安排才有利于足球后备人才的发展,这些都是亟待解决的问题。目前来看,我国校园足球后备人才的文化知识还是比较欠缺的,需要进行一定的改革,重视足球后备人才文化知识的培养。

②落实校园足球人才文化教育政策法规

总体来看,目前我国大部分学校都比较重视足球后备人才的专门化训练,这非常有利于运动员运动成绩的提高。但是,在这样的情况下,运动员文化教育就显得比较欠缺。鉴于此,国家相关部门要制定有利于足球后备人才文化素质培养的相关政策,以为其提供重要的政策保障。

③建立校园足球人才发展的机制

要想促进校园足球运动的健康发展,建立一个校园足球人才发展的科学机制是非常重要的。尽管目前我国教育部等相关部门制定和颁布了一系列促进校园足球人才发展的政策和文件,但具体执行起来仍比较困难,没有得到很好的贯彻与实施。面对这一情形,相关部门应将足球后备人才的文化教育纳入整个评价体系中,真正建立一个科学和完善的校园足球人才发展机制。

2. 体育保健知识培养

作为一名足球后备人才,要具备一定的体育保健方面的知识,这是其参加足球训练和比赛的重要基础。一般来说,体育保健知识主要包括运动营养学知识、运动生理学知识、运动医学知识等几个方面,足球后备人才要深入学习并掌握这些知识。

3. 思想与品德培养

(1)思想与品德教育内容

在校园足球后备人才的培养过程中,还要将思想教育作为一个重要的方面来抓,具备良好思想品德和观念的运动员往往能积极地参加运动训练,从而有效提高自身的运动水平。

在思想道德教育中,教练员要把德育放在首位,帮助运动员树立正确的世界观、人生观和价值观,建立良好的训练动机,确保运动训练的发展方向正确。

(2)校园足球后备人才思想与品德教育途径

①文化课的德育内容

在校园足球后备人才培养的过程中,要注意对其文化素质的培养,并努力挖掘足球教材中的德育因素,加强运动员的道德教育。

②专门的德育课教育

针对足球后备人才培养的现状,可以开设一些职业道德与职业指导、心理健康教育等德育课,以满足运动员发展的需要。同时,还可以改进德育课的教学方法、教学形式等,将理论与实践结合起来进行。

③社会实践活动

对足球后备人才进行思想品德教育时,可以组织一些内容丰富、具有较强吸引力的道德实践活动,以切实提高学生的实践能力,使其在实践活动中提高自己的思想品德素质。

4. 参赛与裁判能力培养

(1)提高校园足球后备人才的技战术技能

在校园足球后备人才的培养中,要将技战术技能的培养放在首位,一切都要围绕运动员技战术技能的提高进行。

（2）提高校园足球后备人才的足球运动竞赛编排能力

作为一名合格的校园足球后备人才，还需要了解和掌握足球竞赛编排的基本知识。通常来说，足球竞赛编排工作主要包括赛前竞赛日程编排；赛中记录和公告的安排；赛后成绩的统计和整理等几个方面。

（3）提高校园足球后备人才的足球竞赛裁判能力

足球竞赛裁判能力对于后备人才来说也是非常重要的，因为裁判员水平的高低往往在一定程度上反映了一个国家的足球水平。对于足球比赛而言，裁判员的能力和水平对整个赛事的顺利举办具有极为重要的意义。因此，还要加强足球后备人才竞赛裁判能力的培养，具体可通过观摩和组织足球竞赛来不断提高后备人才的裁判能力。

（二）校园足球后备人才培养的特征

足球与教育的结合是校园足球后备人才培养的一个重要特征，通过校园足球教育能培养出一大批优秀的足球人才。综观世界上的足球发达国家，很多的足球管理部门与教育和文化部门一起合作，实施了一系列校园足球人才培养计划，挖掘与培养出了一大批高质量的足球后备人才。

总体来看，发挥学校优势培养足球后备人才的好处主要体现在以下几个方面：

（1）政府相关部门采取必要的措施和手段加大对校园足球的投资力度，建立一个完善的竞赛体制，能吸引更多的学生参与其中，扩大了足球人才的选才范围，能选拔出优秀的足球后备人才。

（2）通过校园足球教育，能促进后备人才德、智、体等方面的全面发展。

（3）通过学校选拔出的足球人才既具有良好的技术能力，还具有较高的文化素质，这能帮助后备人才更好地理解足球运动的价值，在比赛中充分贯彻并执行主教练的战术意图，对于后备人才综合素质的发展具有重要的意义。

（三）校园足球后备人才培养的原则

1. 遵循足球运动发展规律的原则

（1）身心发展的基本规律

青少年在不同时期，其生长发育特征存在着一定的差异，都有自身的发展特点与规律。因此，校园足球后备人才的培养要遵循青少年机体生长发育的基本规律，科学安排足球训练负荷，有针对性地对运动员进行培养。

（2）运动竞技能力的规律

一般来说，足球运动员竞技能力的高低主要取决于自身运动水平，除此之外，还受到比赛环境、对手竞技水平等客观因素的影响。足球运动员的竞技能力构成要素主要包括体能、技术、战术、心理、智能等几个方面。其中，体能素质是基础，技战术能力是核心，心理与智能是足球运动员运动水平提高的保障，这几个方面相互影响、相互促进，共同推动着运动员竞技能力的发展和提高。

（3）足球训练的实战性规律

在足球后备人才的培养过程中，还要注意对其实战能力的培养。因此，在平时的训练中，要遵循足球训练的实战性规律，结合实战提高运动员的技战术水平。足球训练具有阶段性特征，在学习的起始阶段，大多数教练都采用分解和完整练习法，使运动员形成正确的技术概念和掌握正确的技术动作。但是，运动员的技术水平则需要通过实战来检验，因此，要采用实战的形式进行足球训练，以有针对性地提高足球运动员的比赛水平。

2. 重视职业道德培养的原则

职业道德教育是青少年健康成长的保证，所以在培养校园足球后备人才时，要使其树立坚定的事业心，拥有强烈的国家荣誉感、责任感，培养其公平参赛、团结拼搏的职业道德，使他们从小就养成优良的品质和良好的文明习惯，勤学苦练，奋发图强，全身心投入到提高比赛技能和丰富专业理论知识的学习中去。对校园足球后备人才职业道德的培养要贯穿训练的始终。

3. 突出个性特征的原则

每一名足球运动员都有自身的特点,他们的运动基础也不同,因此,在培养的过程中要把握因人而异的基本原则,突出运动员的个性特征,对运动员进行有针对性的培养与训练,这样才能促进运动员运动水平的发展和提高。

(四)我国校园足球后备人才培养体系的构建与运行

校园足球运动的可持续发展对于我国整个足球事业的发展具有深远的影响和意义,而要想实现这一目标,就必须要建立一个健全和完善的校园足球后备人才培养体系。一个健全和完善的校园足球后备人才培养体系主要分为管理体系、竞赛体系、培训体系、选拔体系、宣传推广体系、经费分配体系和评估体系等几个部分(图5-2)。这几个部分缺一不可,每一个部分都对校园足球运动的发展起着重要的作用,相关部门及工作人员要重视以上每一个方面的建设与发展。

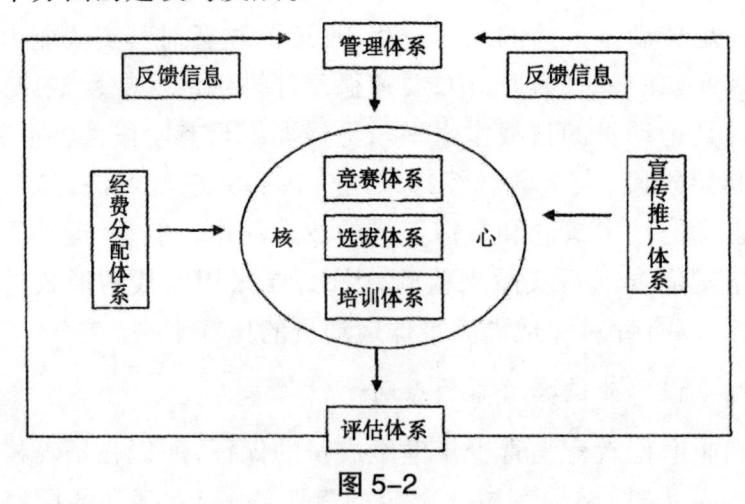

图 5-2

在图 5-2 所示的校园足球后备人才培养体系中,各个部分对整个培养体系的运行起着重要的保障作用,它们共同合作、共同推动着校园足球运动的健康发展。

第五章　校园足球后备人才培养与管理

1. 构建校园足球管理体系

要想促进校园足球后备人才的健康发展,建立一个校园足球管理体系非常重要。因此,国家体育总局和教育部联合成立了全国青少年校园足球工作领导小组,下设办公室(由中国足协以及教育部有关人员组成)。各布局城市也依照国家的管理机构设置,设立校园足球工作领导小组,并设办公室(由各地市体育局和市教育局相关人员组成)(图5-3)。全国校园足球办公室以及各布局城市校园足球办公室主要负责布局城市中小学生校园足球活动的开展;而高中、大学则由教育部学生体育协会联合秘书处以及各地方体协负责管理,如图5-4所示。

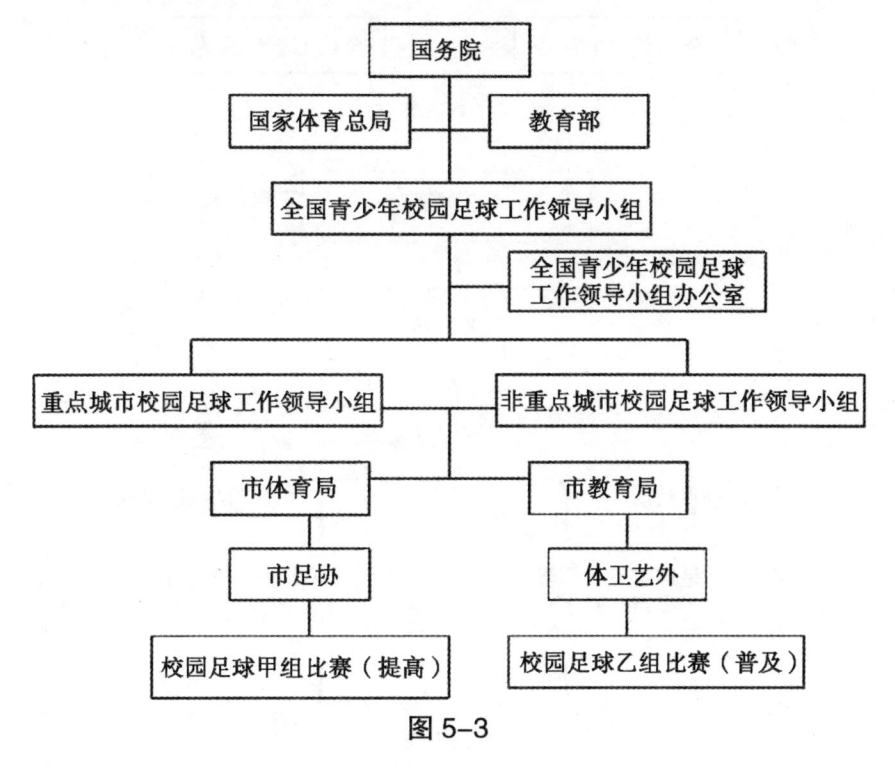

```
                      国务院
              ┌─────────┴─────────┐
         国家体育总局            教育部
              └─────────┬─────────┘
              全国青少年校园足球工作领导小组
                        │
              全国青少年校园足球
              工作领导小组办公室
              ┌─────────┴─────────┐
    重点城市校园足球工作领导小组   非重点城市校园足球工作领导小组
              ┌─────────┴─────────┐
          市体育局              市教育局
              │                    │
           市足协               体卫艺外
              │                    │
    校园足球甲组比赛(提高)   校园足球乙组比赛(普及)
```

图5-3

2. 构建校园足球竞赛体系

在整个校园足球后备人才培养体系中,竞赛体系居于核心地位。运动员运动水平的提升,足球运动的宣传等都需要足球竞赛这一平台。在构建校园足球竞赛体系的过程中,各学校应结合自身的具体实际进行,制定的竞赛模式要符合本校足球运动的发展情况。一个完整的校园足球竞赛体系的构成如图 5-5 所示。

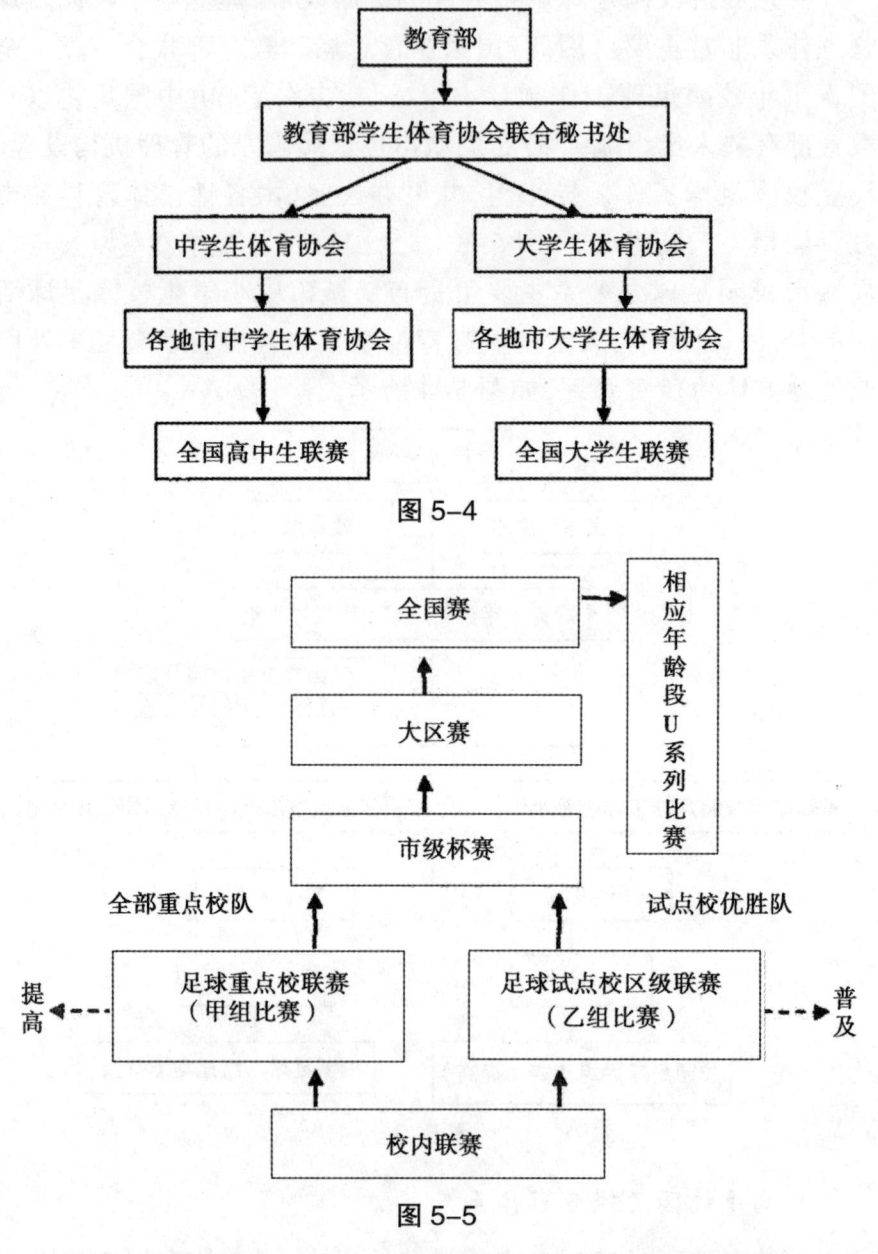

```
                    教育部
                      ↓
          教育部学生体育协会联合秘书处
              ↙              ↘
      中学生体育协会          大学生体育协会
            ↓                    ↓
    各地市中学生体育协会      各地市大学生体育协会
            ↓                    ↓
      全国高中生联赛          全国大学生联赛
```

图 5-4

```
                    全国赛   →   相
                      ↑         应
                    大区赛       年
                      ↑         龄
                    市级杯赛     段
              ↗             ↖   U
    全部重点校队          试点校优胜队 系
                                  列
  提  足球重点校联赛   足球试点校区级联赛  比   普
  高   (甲组比赛)  ←--   (乙组比赛)   赛   及
            ↖             ↗
                   校内联赛
```

图 5-5

在建立校园足球竞赛体系的过程中,要注意以下几点:
(1)学校可以建立一支或多支校园足球队,但每支球队球员间的年龄差距最好不要超过两岁。

（2）不能过分追求足球比赛成绩。

（3）足球学校和职业足球俱乐部的相关梯队禁止参加校园足球比赛。

（4）做好校园足球联赛参与人员的保险工作。

（5）建立一个良好的赛事监督机制与审查机制，保证校园足球联赛的公正与公平。

（6）各校要结合当地的足球发展规划、足球环境和资金投入等来组织与管理竞赛活动，一切活动都要符合当地条件和学校发展实际。

3. 构建校园足球选拔体系

（1）选拔的标准

在选拔校园足球后备人才时，要注重足球人才现有运动水平与发展潜力的结合，不要过于注重其运动成绩。在选拔对象的身体素质方面，注重身体协调性、柔韧性和速度性等几项素质，另外，还要将球感、技术以及意志品质等纳入选拔的标准体系中，将这些内容作为选拔足球后备人才的重要参考依据。

（2）选拔的方式

校园足球后备人才的选拔呈现出金字塔形式，首先组织选拔者参加校内足球联赛；然后从中选拔出优秀的学生参加市级联赛；最后由足球专家选拔出优秀的足球人才。这种金字塔式的校园足球后备人才选拔体系如图5-6所示。

4. 构建校园足球培训体系

建立一个科学、合理的校园足球培训体系是至关重要的，这直接影响着校园足球后备人才培养的质量和效果。一般来说，一个完整的校园足球培训体系包含的内容如图5-7所示。

图 5-6

金字塔（从上到下）：
- 全国训练营选拔
- 大区训练营选拔
- 市内选拔
- 区内选拔
- 校内选拔
- 年级选拔
- 班内选拔

图 5-7

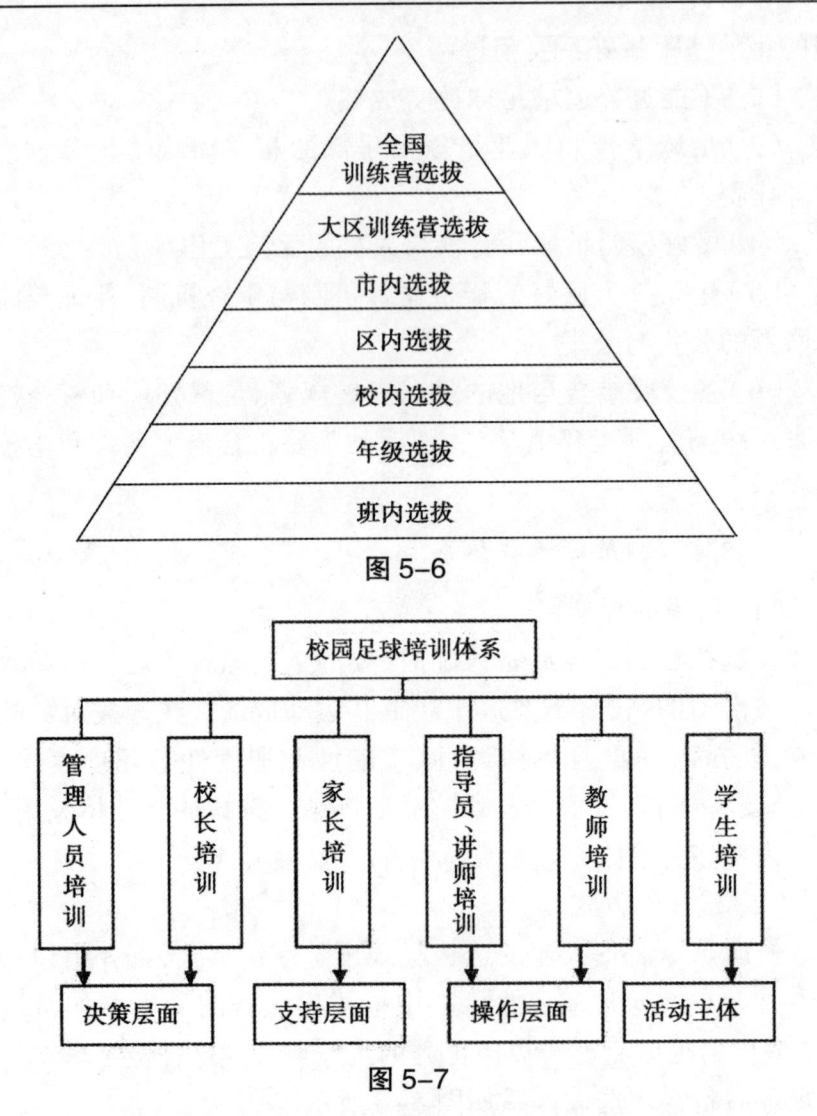

校园足球培训体系：
- 管理人员培训 → 决策层面
- 校长培训 → 决策层面
- 家长培训 → 支持层面
- 指导员、讲师培训 → 操作层面
- 教师培训 → 操作层面
- 学生培训 → 活动主体

其中，校园足球管理人员的培训，主要包括各地区教育局、体育局、足协业务干部、校长等；体育教师的培训，主要包括足球指导员和裁判员的培训；家长的培训则属于足球活动支持层面的人员培训。每一个方面都非常重要，需要相关部门重视起来。

5.构建校园足球宣传推广体系

建立一个校园足球宣传推广体系对于校园足球运动的发展具有重要的意义，这样能吸引更多的学生参与到足球运动中，以

第五章　校园足球后备人才培养与管理

形成良好的足球文化氛围,这能潜移默化地影响我国足球运动的健康发展。通常来说,一个健全的校园足球宣传推广体系主要包括内容、宣传推广途径、对象三个方面(图5-8)。

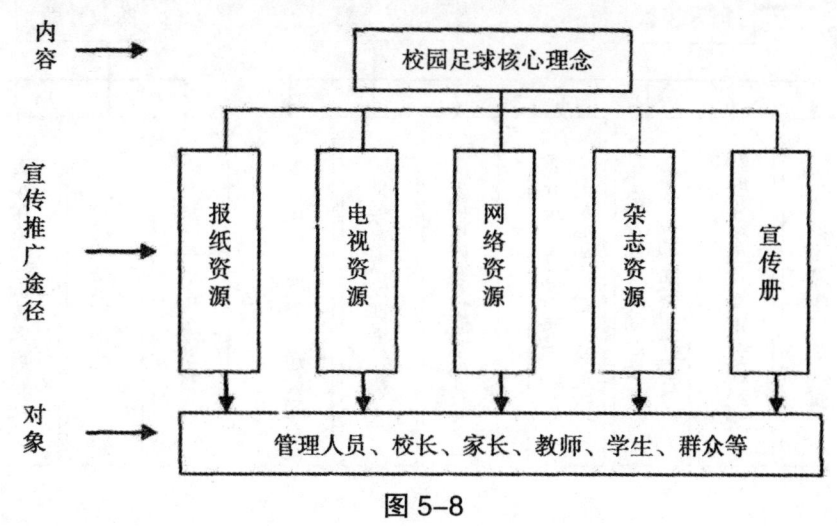

图 5-8

目前,我国足球运动的发展状况不甚理想,在这样的大环境下,很多学生家长不愿让自己的孩子从事足球运动,这非常不利于我国足球运动的可持续发展。为扭转这种局面,除了做好足球运动竞赛组织与管理工作外,还要加大足球运动的宣传与推广力度,帮助人们深刻理解足球运动发展的价值和意义,促使更多的人参与到足球运动之中。

6. 构建校园足球经费分配体系

校园足球后备人才的培养离不开一定的物质条件,这些物质条件主要包括足球场地、足球设施、足球师资等方面,而要想为校园足球运动的发展建立一个良好的物质基础,就要加大资金投入力度,科学分配好足球经费,建立一个科学、合理的校园足球经费分配体系(图5-9),这样才能保证我国校园足球后备人才体系的健康、持续发展。

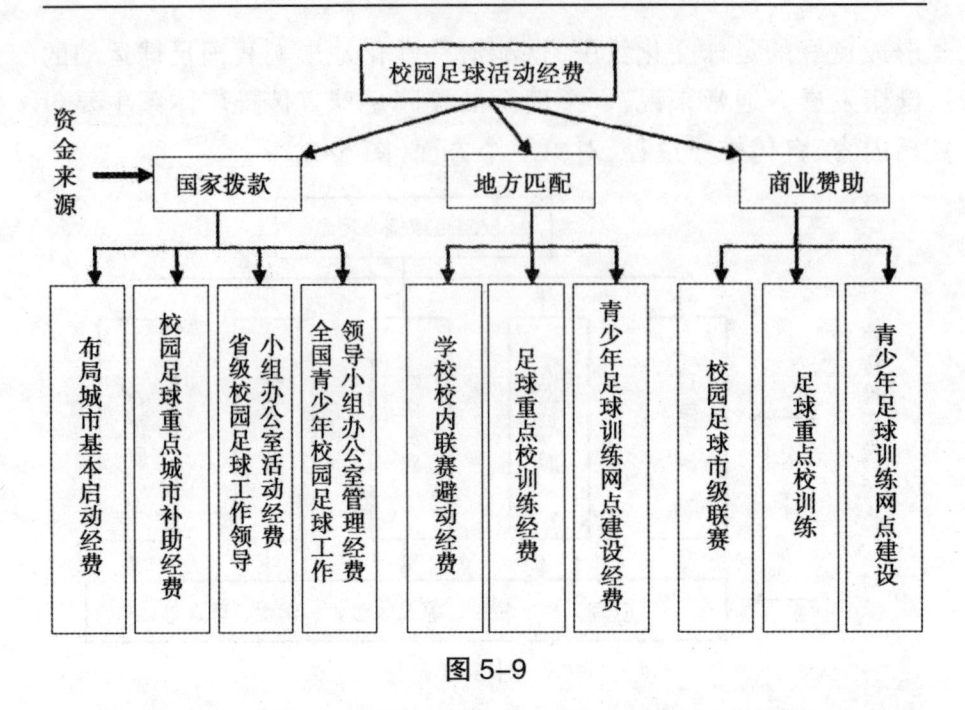

```
                    ┌──────────────────┐
                    │  校园足球活动经费  │
                    └──────────────────┘
资金        ┌───────────┼───────────┐
来源   ┌────────┐  ┌────────┐  ┌────────┐
  →   │ 国家拨款 │  │ 地方匹配 │  │ 商业赞助 │
       └────────┘  └────────┘  └────────┘
```

| 布局城市基本启动经费 | 校园足球重点城市补助经费 | 小组办公室活动经费省级校园足球工作领导 | 领导小组办公室管理经费全国青少年校园足球工作 | 学校校内联赛活动经费 | 足球重点校训练经费 | 青少年足球训练网点建设经费 | 校园足球市级联赛 | 足球重点校训练 | 青少年足球训练网点建设 |

图 5-9

在现代足球运动高度发展的背景下,要挖掘与培养一大批高质量的足球人才,没有基本的资金保障是不可能实现的。因此,应充分利用一切可以利用的渠道和手段吸引大量的商业赞助投入校园足球活动中,为校园足球后备人才的培养提供重要的帮助。

7. 构建校园足球评估体系

建立一个合理的校园足球评估体系对于足球后备人才的培养也具有重要的意义。一个健全的校园足球评估体系包含的内容众多,总体来看,应主要围绕评估人员、评估方式以及评估对象三个方面进行(图5-10)。

从长远来看,要想促进校园足球的健康、持续发展,建立一个科学、合理的校园足球评估体系是尤为必要的。通过校园足球评估体系的建立,能确保校园足球的各项工作开展得有序和合理,能保证校园足球各项活动的健康发展。除此之外,校园足球活动组织与管理者还可以根据评估反馈信息,修正和完善现有的校园足球后备人才培养体系,为我国足球运动的可持续发展培养一大批高质量的足球后备人才。

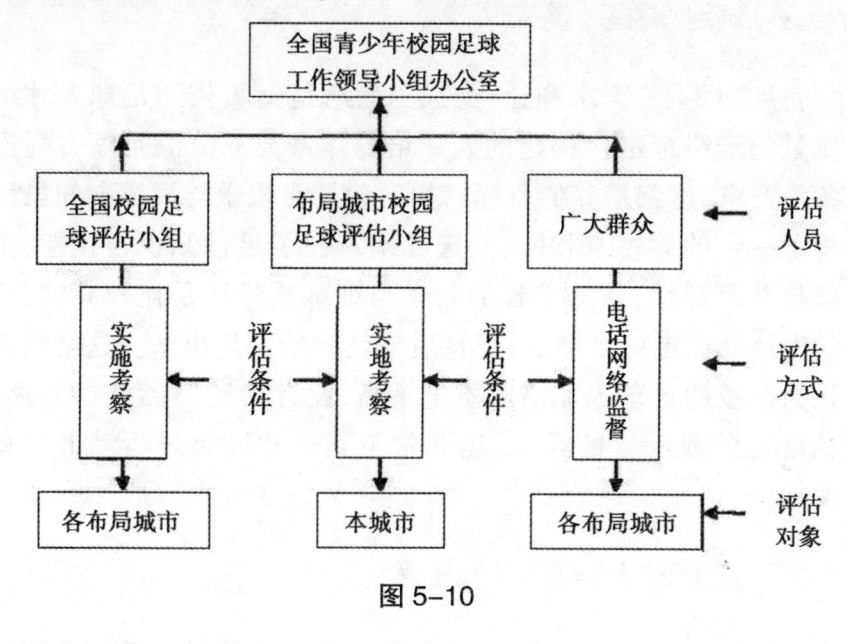

图 5-10

第三节 校园足球后备人才培养的全面质量管理

加强校园足球后备人才培养的质量管理是非常重要的,这能保证整个人才培养过程的顺利进行,以取得良好的培养效果。

一、校园足球后备人才培养全面质量管理的理念

校园足球后备人才的培养是一个长期的过程,这一体系可以看成是一个产业链条,其中涉及多种要素,在整个体系中,家长、运动员、社会、政府等都可以被当作"顾客"看待,他们与足球学校、俱乐部之间的关系非常密切,恰当处理这些要素之间的关系,为"顾客"服务、让"顾客"满意是建立这一体系的宗旨,这对于我国校园足球后备人才培养质量的提高具有重要的作用。

(一)满足"顾客"需求

满足"顾客"需求和让"顾客"满意是衡量校园足球人才培养质量的最终标准。构建的人才培养体系要充分满足顾客提出的各种要求,达到培养的目标。如运动员在教学与训练期间虽然获得了一定的愉悦,但并不一定扎实掌握了足球知识与技能,由于家长并不知情,认为学校的教学与训练质量还是比较高的,但等学生运动员走向社会后,不良后果就开始显现出来。这就会被人认为该校的足球人才培养质量不高,没有满足"顾客"的需求,包括潜在的或隐含的需求,这非常不利于我国足球运动的可持续发展。

(二)注重教学训练的全面质量

校园足球教学训练的全面质量并不仅仅是指教学与训练这一方面,而是指一组特性。这一组特性的内容有很多,其中的各个要素都会影响顾客对教学训练质量的评价。具体而言,一个家长对足球学校的教学训练质量不满意,可能不是指学校教学质量不高,而是对学校训练场地、教管人员素质、管理制度等方面不满;一个球员说训练质量不高,或许不是对训练课不满意,而仅仅是对上课的教练员不满意。由此可见,教学训练的全面质量涉及学校足球教学的各个方面,不仅仅是指课堂教学训练质量,还包括教学训练管理制度、教学训练辅助活动的质量、人才培养的质量以及培养过程的质量等。因此,要想提高校园足球人才培养的质量,不能只重视教学训练这一方面,而是要涉及学校足球教学训练工作的方方面面。只有各方面得到提高了,才是校园足球后备人才培养全面质量的提高。

二、校园足球后备人才培养全面质量管理体系的构建

(一)全面质量管理体系的内涵

1. 质量管理体系由质量管理体系要素组成

企业中所有与质量有关的要素,即质量管理体系要素。一般来说,常见的质量管理体系要素主要包括:各类质量管理活动及内容、质量管理机构、质量管理有关作业程序、质量管理中资源管理及活动程序等。在校园足球中,建立一个良好的质量管理体系对于足球后备人才培养质量的提高具有重要的价值和意义。

2. 推行全面质量管理,必须首先建立质量方针并制定质量目标

要加强全面质量的管理,首先就要结合实际情况建立一个有效的质量方针,确定切实可行的质量目标,在整体质量方针的指导下,对组织中所有的要素进行科学、有效的管理。

3. 质量管理体系构建原则

构建校园足球后备人才培养的全面质量管理体系,还要设置必要的组织机构,要明确隶属关系和管理职责,对培养体系中的所有资源进行有效的管理,为形成高质量的足球后备人才梯队提供良好的支持,还要制定切实可行的管理程序,以确保各项质量管理活动有章可依、有法可循。

4. 对足球后备人才质量形成的全过程进行管理

质量管理体系贯穿足球后备人才质量形成的全过程,在构建足球后备人才培养质量管理体系的过程中要全盘考虑各方面的要素,如组织结构、管理职责、人才培养过程和资源管理等,根据人才培养的实际情况制定各项规章制度,并形成文件,用于足球学校、俱乐部等足球后备人才梯队质量管理工作之中。

5. 一个组织通常应只有一个质量管理体系

一般情况下,一个企业只有一个质量管理体系。质量管理体系应是为实施质量管理而建立的一个有机整体,它应覆盖企业所有产品。在校园足球后备人才培养的质量管理体系中也应遵从这一原则,在统一的质量管理体系中开展各项活动。

(二)建立全面质量管理体系的程序

建立一个科学和完善的全面质量管理体系,通常包括以下五个阶段:

1. 第一阶段:组织策划

这一阶段是基础,需要做好充分的准备工作。

(1)学习质量管理标准,统一管理思想。

(2)组织管理层根据实际情况做出相应的决策。

(3)建立科学的工作机制,对组织内的骨干成员进行培训。

(4)制定相关的工作计划和工作程序。

2. 第二阶段:总体设计

(1)制定质量管理的方针和质量管理目标。

(2)综合分析质量管理的各方面要素。

(3)依据校园足球环境和开展情况选择适宜的质量体系类型。

(4)对现有的质量管理体系作出客观的评价。

(5)确定质量管理体系的结构。

3. 第三阶段:体系建立

(1)建立质量管理体系的组织结构。

(2)规定质量管理体系中各部门人员的职责和权限。

(3)配备质量管理体系的各类资源。

第五章　校园足球后备人才培养与管理

4. 第四阶段：编制文件

（1）编制质量管理体系的相关文件。

（2）审定、批准和颁发质量管理体系文件。

5. 第五阶段：实施运行

（1）质量管理体系实施的教学训练培训。

（2）质量管理体系的实施和运行。

（3）质量管理体系的审核和评审。

（4）质量管理体系实施中的检查。

（三）全面质量管理体系的构建与实施

全面质量管理体系的构建与实施主要分为三个阶段，即前期工作、实施运行和评审。在校园足球后备人才培养全面质量管理体系建设中，要严格按照这三个阶段中规定的程序与内容切实做好每一项工作，以为校园足球后备人才的培养提供良好的保障。

1. 前期工作阶段

（1）成立实施小组

建立全面质量管理体系的前期工作，首先是成立实施小组，由足球学校校长、足球俱乐部高层管理者亲自负责，选出富有经验的体育教师和教练员组成实施小组，组织他们学习质量管理体系标准，明晰建立这一标准体系的价值与意义。同时，还可邀请具有资格的咨询师对小组内成员进行必要的培训，使他们建立良好的意识，从而为工作的进行打下必要的基础。

（2）制定实施计划

一般来说，校园足球后备人才培养的全面质量管理体系中的实施计划主要包括学习与培训计划、体系文件编制计划、质量体系实施计划、内部质量审核计划、管理评审计划、申请评审认证计划等内容。

（3）确定管理体系程序与质量规格

确定足球后备人才质量管理体系的程序与质量规格主要是确定足球学校、俱乐部后备人才培养程序、质量规格与方针目标。

2. 实施运行阶段

全面质量管理体系的实施运行阶段至关重要，其实施运行的好坏将直接影响到校园足球后备人才培养的效果。在全面质量管理体系的实施运行过程中，组织内的成员都要转变管理观念和管理方式，掌握科学的工作程序和方法，确保管理体系内各项活动的顺利进行。

（1）做好管理人员的培训工作

做好管理体系内相关工作人员的培训工作是非常重要的，主要包括培养工作人员新的管理理念，加深工作人员对管理体系的认识与理解，确定管理人员工作岗位职责权限，规范工作人员的操作程序等内容。

（2）有效控制管理过程

控制管理过程主要采用上一环节工作由下一环节印证的办法，确保各项工作的过程和结果符合学生、家长和社会的要求，增强他们的满意度。

（3）树立质量意识、服务意识

在校园足球后备人才培养中，教练员、教辅人员等必须要通过认真备课、科学训练、讲授、测评、教学比赛等一系列教学训练活动为学生提供良好的服务，要树立良好的质量意识和服务意识，形成一个人人讲质量，人人讲服务的局面，以通过优质的服务来挖掘优秀后备人才，激发后备人才的潜能，提高后备人才的综合素质。

（4）定期交流汇报

在校园足球后备人才质量管理体系运行的过程中，还要召开一定的专题会议，在会上汇报实施情况，并加强工作人员之间的沟通与交流，从而形成一个自我不断完善、不断改进的机制，这对

第五章　校园足球后备人才培养与管理

于足球后备人才培养与管理质量的提高具有重要的意义。

3. 评审阶段

（1）培训内审员

校园足球后备人才培养的全面质量管理体系的运行是否正常，还需要通过一定的评审来确定，通过评审能发现各种问题，从而及时采取针对性措施和手段解决问题，以保证管理活动的顺利进行。为此，还要选择一部分内审员并加强内审员的培训。

（2）内部审核

内部审核主要包括以下三个部分：

①例行审核：每年按《年度内部审核计划》和《内部审核程序》的要求进行的内审，主要目的是进一步改善校园足球后备人才培养的质量管理体系。

②专项内审：根据体系运行的需要，对关键过程、关键部门、难点要求所进行的审核，主要目的是保证校园足球后备人才培养的质量管理体系的正常运行。

③符合性审核：认证审核之前，所进行的系统的、独立的、模拟性的预审，目的是为认证审核做好充分的准备。

（3）管理评审

管理评审是在最高管理层的组织下对质量体系运行的适应性、充分性和有效性进行评审，确保质量方针和质量目标有效实施的一项重要工作。

做好管理评审应注意以下几个方面：管理评审一般在完成试运及其内审之后、外审之前进行。评审会应提前发出通知并附有关资料，以便参加会议者准备意见。评审后，管理者代表应将评审会议决议以及确认的报告和纠正措施形成《管理评审报告》，交由有关部门实施，主管部门应验证其结果。参加会议的人员应签到，会议过程应有记录。

第六章 校园足球系统训练理论与方法研究

校园足球训练是一个大而复杂的系统,系统内的要素众多,要想提高足球训练的质量,就必须建立一个科学、完善的训练理论与方法体系。在构建校园足球系统训练理论与方法体系的过程中,要转变旧有的思想观念,结合当前我国校园足球发展的具体实际进行,充分利用一切先进的理论研究成果,从而保证校园足球训练活动的顺利进行。

第一节 校园足球系统训练的基本原理

任何事物发展都有一定的规律,都要遵循一定的原理才能朝着更好的方向发展。校园足球的系统训练也不例外,要保证校园足球系统训练的质量就要遵循相关的训练原理,以理论为指导构建训练体系。

一、新陈代谢原理

人体的生命活动离不开新陈代谢,没有了新陈代谢,人的生命就失去了意义,由此可见新陈代谢对人的重要性。一般来说,新陈代谢主要包括物质代谢和能量代谢两个部分,这两个部分是人参加运动的重要理论依据。

运动员在参加足球训练的过程中,体内的物质代谢和能量代

第六章　校园足球系统训练理论与方法研究

谢过程比平时都要强很多，消耗的能量也非常大。参加系统的足球运动训练能在很大程度上提高人体组织细胞内酶系统的适应性，提高酶的活性，促进能量的恢复以及促进物质代谢和能量代谢过程，在这样的情况下，人的身体素质和运动能力都能得到增强。

不论是物质代谢还是能量代谢，都有一定的特点和客观规律性，这两种代谢形式是人体参与运动的重要基础，因此，学习和掌握新陈代谢的基本原理有助于运动员更加科学地控制足球运动训练过程，从而保证运动训练的效果和质量。

二、机体适应原理

人体具有一定的适应能力，主要是指人的机体有适应外界环境的能力，当人们参加运动锻炼时，身体为了适应运动锻炼的需要，会出现肌肉体积增大、力量增强、脉搏减少、肺活量增大等现象。在参加足球训练时，运动员的机体适应主要有以下几个阶段：

（1）训练初期的刺激阶段。运动员在训练初期，通常来说身体水平都比较低，为提高身体素质，需要接受来自各方面的刺激，而在接收外部刺激的过程中会出现各种的不适应，这就是刺激阶段的主要表现。

（2）训练过程中的应答反应阶段。在这一阶段，运动员受外部刺激的影响，机体内部各器官和运动系统的功能产生一定的兴奋，这一兴奋会传输到运动员身体的各个器官中，最后进入运动状态，运动员的适应能力会慢慢得到提高。

（3）暂时适应阶段。随着运动训练的持续进行，运动员会对外部接受的刺激作出一定的反应，经过一段时间的训练后，运动员机体就会进入一个良好的工作状态。在这一阶段，运动员的各项生理指标呈现出一定的稳定性，这表明机体已经适应了当前的运动刺激，进入了一个暂时适应阶段。

（4）长久适应阶段。这一阶段是使各相应的机能系统和组织器官在全面增加和系统重复各种外部运动刺激的基础上，产生较为明显的身体结构和机能方面的改造,主要表现为机体运动器官和身体机能的完善与协调。

（5）适应衰竭阶段。这一阶段主要表现为训练不合理状态下机体的运动能力的降低和机能退化,如运动员不根据自己的实际情况不合理地加大运动负荷,致使出现运动疲劳、运动损伤等现象,从而对身体产生一定的伤害。

三、训练负荷原理

运动员参加运动训练的主要目的是增强身体素质,提高运动技能,而要想实现这一目标,需要经过长期的运动训练,还需要在训练过程中不断承受和适应训练负荷才能实现,这种通过运动机体的不断适应来提高机体的运动能力和对外界（运动负荷）的适应能力,就是训练负荷原理。

一般来说,训练负荷原理主要包括以下两方面的内容：

（1）运动员在训练初期,为了尽快进入一个良好的运动状态,会通过提高负荷强度刺激来加快机体的适应过程。

（2）针对不同训练阶段以及不同运动员的个人差异,应有针对性地安排和调整运动训练负荷,以适应运动员的机体需要。

四、超量恢复原理

超量恢复是一种关于运动时和运动后休息期间能量物质消耗和恢复过程的超量恢复学说。在运用超量恢复原理来指导运动员的运动训练时,需要注意以下几个方面的要求：

（1）运动量影响着超量恢复的效果。一般情况下,运动量越大,人体内各器官和肌肉的功能动员的就越充分,能量物质消耗的就越多,超量恢复也就会越显著。但是如果运动量超过了人体正常承受的范围,人体就有可能出现过度疲劳进而影响身体健康。如果运动量过小,身体就得不到充分的运动,也就无法获得理想的超量恢复的效果。

（2）在其他因素不变的情况下，运动时间短，运动强度不大，运动机体所获得的超量恢复就不显著。

（3）要实现理想的超量恢复效果，运动员需要掌握好运动训练中间歇的时间。间歇时间不能过长或太短，要以自己的身体适应能力为依据，间歇时间要充分并适应身体发展的要求。

（4）要掌握好两次训练间隔的时间，一般通过测定心率的方法来进行控制，如运动后的心率达到 140～170 次/分，可以等到心率恢复到 100～120 次/分时，再进行下一次运动较为合适。

第二节 校园足球训练课的结构与组织

训练课的结构是指训练课的各组成部分及其顺序。一般情况下，一堂训练课主要包括准备部分、基本部分、结束部分三个部分。足球训练课是所有足球队员参与训练过程的组织形式，其质量在很大程度上决定着运动员的训练和比赛水平，因此合理地组织与管理好训练课对于提高运动员的运动水平及运动队的比赛成绩具有重要的意义和作用。

需要注意的是，我们不能单纯地认为足球训练课就是由以上三部分组成的。人的儿童与少年时期时间跨度较大，从几岁到十几岁，体力变化的状况完全不同，足球训练课的安排还要结合足球训练手段和方法考虑，一个合理的训练课结构还要根据足球训练练习所获得的实际效果来建构。

总体来看，足球训练课的基本结构与内容如图 6-1 所示。

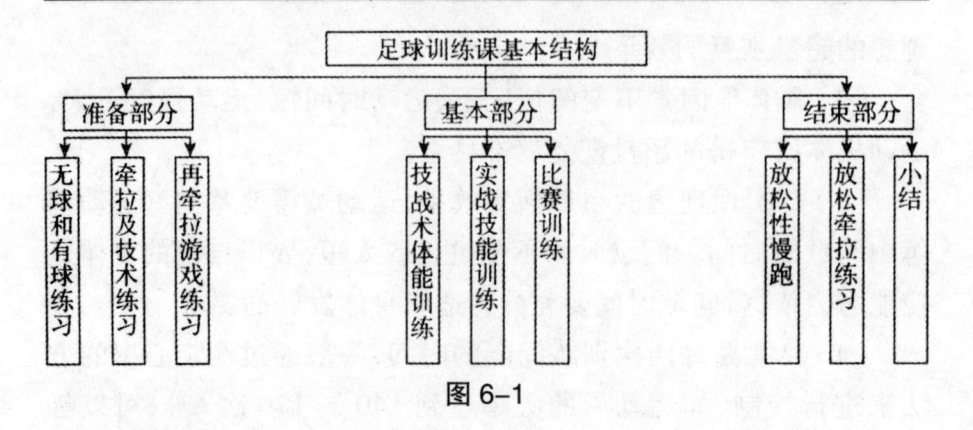

```
                    足球训练课基本结构
          ┌────────────────┼────────────────┐
        准备部分           基本部分          结束部分
      ┌───┼───┐         ┌───┼───┐         ┌───┼───┐
     无   牵   再       技   实   比       放   放   小
     球   拉   牵       战   战   赛       松   松   结
     和   及   拉       术   技   训       性   牵
     有   技   游       体   能   练       慢   拉
     球   术   戏       能   训             跑   练
     练   练   练       训   练                 习
     习   习   习       练
```

图 6-1

一、足球训练课准备部分的内容与组织

准备部分是足球训练课的重要组成部分,这一部分的主要作用是通过一定的肌肉活动,来提高中枢神经系统和肌肉的兴奋性,提高肌肉的强度,降低肌肉的黏滞性,使得肌肉活动的内部阻力减少,增大肌肉的力量、弹性以及灵活性,提高运动幅度,从而使机体尽快进入工作状态,以适应运动训练时肌肉工作的需要,有效避免运动损伤事故。

一般来说,足球训练课的准备部分的时间为 25～30 分钟,准备活动的内容主要包括一般性准备活动与专门性准备活动两个部分。其中,在一般性准备活动中,慢跑、牵拉韧带等都可以作为其活动内容。可以先进行 2～3 分钟的慢跑,然后再做肌肉和关节牵拉活动,足球运动训练中要注重腰部、双腿和臀部等部位的拉伸活动。在专门性准备活动中,运动员可以结合球做一些强度较小的游戏,这样在娱乐的同时又能达到热身的目的。

在足球训练课中,专门性准备活动主要是为机体适应特定的训练要求而准备的,主要目的是在足球技术上做好必要的准备,以高质量的完成技术动作。因此,运动员在上训练课之前一定要高度重视专门性准备活动,以满足足球专项训练的要求。

二、足球训练课基本部分的内容与组织

一般来说,足球训练课的基本部分主要包括单一内容的训练课和综合内容的训练课两个部分,其组织方法如下所述:

(一)单一内容训练课的基本部分

单一训练课的内容一般都比较简单和集中,任务非常明确,这一特点适于完成时间较长的训练任务,如足球技术训练、专项身体素质训练等,在训练的过程中可以结合运动员的身体情况和技能发展状况合理调整运动负荷,以适应运动训练的需要。

需要注意的是,如果只采用单一内容的形式进行训练,运动员会容易出现局部疲劳的现象,从而影响训练活动的进行。因此,在安排训练课时应采用多种形式、多种训练方法及不同时间间歇来调整运动员的身心状态,以保证取得理想的训练效果。

(二)综合内容训练课的基本部分

足球综合内容训练课部分相对来说比较复杂,因此,在安排这一部分的内容时需要注意以下几个方面的问题:

(1)可以在课前安排一些适应性的专项准备活动。如在足球综合训练课的基本部分中安排相互之间联系不紧密的训练内容,不过,在内容变化时应做一些专项性的准备活动,以避免受伤。

(2)足球训练课不同内容的练习之间的顺序。一般来讲,要求能量供应充沛、神经系统处于较为兴奋的练习应安排在前面,容易产生疲劳或需要产生疲劳的练习应安排在后面;技术性强的练习安排在前面,素质性的练习安排在后面;对其他练习能够产生良好影响的练习放在前,不产生影响或会产生不良影响的练习放在后。

（3）在训练中要注意不同训练负荷的累积效应，还要考虑产生负荷的练习作用于机体的何种机能系统，应结合运动员的身体情况和运动特点安排不同的机能系统交替进行工作。

（4）足球训练的负荷变化幅度应不同。安排作用于同一机能系统训练时，训练负荷应有波浪型的变化。如在足球训练课的基本部分安排作用于同一机能系统的训练时，为使该系统有适时的休整，需要采用变化练习密度、间歇等方式，使运动负荷产生波浪型的变化。

三、足球训练课结束部分的内容与组织

这一部分的主要任务和目的是进行有效的放松与整理活动，积极消除运动训练积累下来的疲劳，使机体逐渐恢复正常状态。在这一部分训练课中，还要评析本次训练课的任务完成情况，提出下次课的任务与要求。

在足球训练中，训练课的安排要灵活，不能拘泥于某一种机械化的程式，否则就会影响训练课的效果。以上三项足球训练课的训练时长与负荷程度如图6-2所示。

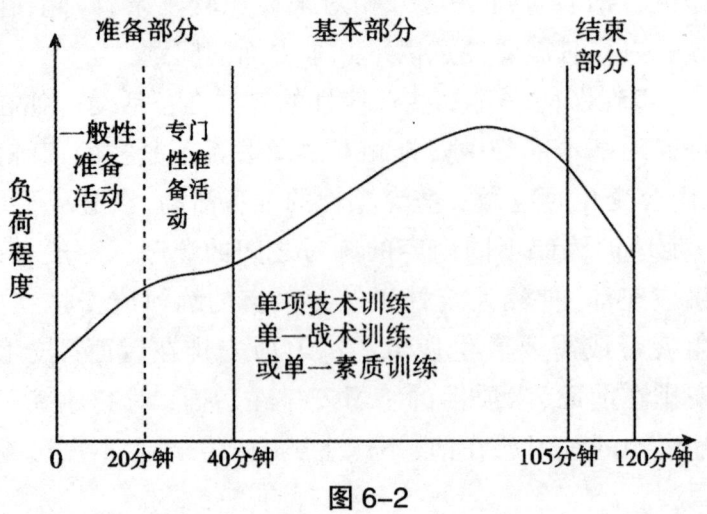

图6-2

第六章 校园足球系统训练理论与方法研究

第三节 校园足球系统训练的原则与方法

要保证校园足球训练的系统性,需要坚持一定的训练原则,并采取科学有效的训练方法,这样才能保证校园足球活动的顺利开展。

一、校园足球系统训练的原则

发展至今,运动训练学的研究已取得了重大的成果,任何运动项目的训练都有自身特有的规律,运动员想要取得好的训练效果,就必须依照这些规律进行训练,足球训练也如此。在青少年足球训练方面,我们可以借鉴世界足球强国的先进理念并结合我国的国情实施有针对性地训练。在现代竞技体育发展的背景下,要摒弃那些陈旧的违背青少年情趣的训练模式,遵循足球训练的基本规律、原则与方法,从而提升足球训练的质量。

(一)趣味训练原则

兴趣可以说是一个人的"导师",表现在足球运动中,兴趣既是学生学习足球的诱因,同时也是其坚持学习与训练的重要动力。兴趣能极大地诱发运动员的机体内驱力,刺激其良好的情绪体验,这种快乐源于足球的运动属性,属于足球运动的深层次价值。因此,坚持趣味训练原则,是运动员参与足球训练所应遵循的基本原则。在平时的足球训练中,教练员要采取必要的措施和手段为学生营造一个生动活泼的学习与训练氛围,多在训练中安排趣味性游戏、竞争性练习、小型比赛等有趣味的内容,以激发学生学习与训练的兴趣,从而更好地提高训练水平。

(二)竞技能力全面发展原则

在足球运动中,技术与战术是最为重要的两个方面。其中,技术代表了一名运动员的足球能力,是解决比赛问题的行为方式;战术则是一种比赛意识指导下的比赛能力,在这一能力的指导下,运动员能准确判断比赛形势,对走势做出正确的预判,并在发生突发状况时及时合理地予以应对。除此之外,身体、心理、智能等也是足球运动重要的竞技能力素质。其中,身体素质是技战术能力发展的基础;心理和智能是运动员训练和比赛的保障。因此,足球系统训练要将这几个方面结合起来进行,从而扩大系统结构的张力,实现能力结构的最优化发展。这就是校园足球训练的竞技能力全面发展原则。

(三)重复训练原则

在足球运动中,对于初学者而言,技术可以完成简单的任务;对于优秀球员而言,却可以解决复杂的比赛问题。这种能力的升华,就是不断训练强化的结果。这一训练的基本依据是运动技能的形成规律,机理是机体的应激性适应。足球运动训练是一个长期而艰巨的过程,在这一过程中靠的就是反复不断的训练刺激。这种刺激非单一性的刺激,而是符合刺激,这样才能保证比赛中运动员的应激性适应。因此,重复性练习不应是单一的、简单的、机械的动作重复,而要通过多组的间歇训练,对本体产生多点的复合刺激,这种刺激强烈而有效,符合足球运动的特性,对于足球训练水平的提高具有重要的意义。

(四)简化练习原则

进行简化练习的目的是为了便于学生的学习与训练,这一原则与循序渐进的原则也是相符合的,也符合青少年的发育规律和认知水平,还有利于体育教师或教练员控制整个教学过程。

第六章 校园足球系统训练理论与方法研究

在简化练习原则的指导下,教练员可根据学校及学生的具体实际,合理设计简化足球练习方案,如将 11 人制比赛简化为 4 人制、5 人制、7 人制的小比赛,或是将学生分为几个人数不等的小组进行对抗;还可以缩小比赛场地,将常规球门变为小球门进行练习。

简化练习这一原则主要遵从的是"从比赛中学会比赛"的训练理念,这一理念十分强调运动员比赛能力的培养和提高。通过简化比赛练习,青少年足球后备人才能提高自己的认知能力,在训练过程中接受比赛的熏陶,认知比赛规律,养成良好的比赛意识,从而获得全面协调发展,切实提高自身综合素质。

(五)注重细节原则

发展到现在,竞技体育获得了高度化的发展,训练手段和方法越来越高明并朝着"高精尖"的方向发展,在这样的背景下,只有系统的、科学的训练才能取得成功。在现代训练条件下,训练细节决定成才;比赛细节决定成败。对于青少年而言,他们正处于打基础的最佳时期,因此参加足球训练必须从细做起,精益求精。

在校园足球后备人才训练中,必须要注重细节,抓好学生运动员的基础性训练,把握训练的真谛,切实提高足球运动水平。在训练的过程中,一定要注意抓细节,培养学生良好的足球习惯,给予学生有针对性的系统训练。同时,还要在训练中帮助学生正确认识足球训练的价值,提高学生的足球意识,使之形成正确的足球观,从而积极主动地参与足球运动训练。

二、校园足球系统训练的方法

(一)重复训练法

重复训练法是指在不改变动作技术和运动量、不改变其他因素的固定条件下,采用相同的负荷和相同的间歇时间对某一动作或某项内容进行反复练习,以达到机体负荷的适应性和巩固技能这两个目的。在利用这一方法进行训练时,主要是重复足球技术动作的练习,不断强化运动员的条件反射,使运动员形成正确的动作表象。大量的运动实践表明,利用重复训练法进行训练,能有效增强运动员的身体素质,使其熟练地掌握与巩固技术动作。

(二)循环训练法

循环训练法要求球员要以足球训练的具体任务为依据,将准备进行的多项训练内容细分为若干个阶段,在训练过程中按照一定规律有秩序地在每一个阶段进行周而复始、循环往复的练习。这一训练法能让运动员在训练过程中感到简单、有趣,减轻训练的压力,提高训练的积极性,从而提高自身的训练水平。

在运用循环训练法进行训练时,需要注意以下几点要求:

(1)整个训练过程是连续的,因此训练内容的安排应以足球基础技术为主。要保证每一阶段的训练任务学生都能顺利完成。另外,体育教师或教练员还要根据阶段训练的特点与具体实际,安排训练的重点。

(2)区别对待每一名学生,合理安排运动训练负荷。安排运动训练负荷时要以每一阶段练习的强度、循环次数、间歇时间等为依据。一般情况下,每阶段的训练负荷一般为球员所能承担最大负荷的 1/3～1/2,循环一周的时间为 5～20 分钟,各阶段之间的间歇时间通常以 15～20 秒为宜。

(3)在实际的足球训练中,要根据运动员的特点安排不同的循环练习形式,如流水式,即一阶段跟着一阶段的形式;分配式,即设立多个训练阶段,根据运动员的能力与特点分配不同的练习内容及次数,其目的都是促进运动员训练水平的提高。

(三)变换训练法

在训练过程中,教练员积极主动地变换动作组合、练习负荷、训练条件、训练环境等的训练方法被称为变换训练法。这种训练方法很好地解决了以往运动训练形式单一、训练强度较大和训练趣味不足的问题,能促使运动员积极主动地参与足球训练。需要注意的是,在应用变换训练法进行足球训练时,训练负荷、训练条件和动作组合的改变等都要按照循序渐进的原则进行,这样才能取得理想的训练效果。

一般来说,变换训练方法的形式主要有以下几种:

1. 改变动作组合的变换训练法

改变动作法是变换训练法中一种重要的形式,对于一些复杂的足球技术来说,这种方式非常适用。如对组合动作加以改变,会有利于促进球员在动作衔接能力和机体神经调节能力方面的发展和提高。

2. 改变运动负荷的变换训练法

改变运动负荷的变换训练法的主要目的是为了促进球员机体对不同负荷的适应能力的增强。在足球训练中,运动员进行专项速度耐力训练时可以采用这一训练形式,往往能取得理想的训练效果。

3. 改变练习条件的变换训练法

改变练习条件的变换训练法的主要目的是促进足球运动员适应能力的不断发展和提高,在具体的训练过程中,可以采用变换训练条件、变化训练环境、变换训练对手的形式,这样能充分激发运动员的潜力,提高其训练水平。

(四)竞赛训练法

竞赛训练法是指通过竞赛或者游戏方式参与训练的方法,这一训练方法是一种检验训练效果的好方法。球员的身体素质水平、技战术能力的运用和足球的创造力等都能够在竞赛中得到施展。此外,运动员的应变能力与实战能力也会在竞赛训练中不断增强。

在运用竞赛训练法进行训练时需要注意以下几点要求:

1. 注意运用训练方法的时机

在利用竞赛训练法时,教练员要结合运动员的个性特点设计训练方案,在训练中要完全按照既定的比赛规则执行,培养和提高运动员的自我控制能力,培养运动员优良的道德品质。需要注意的是,如果运动员没有熟练掌握某一技能,则不宜采用竞赛训练法进行训练,以免对固有的技术动作造成影响。

2. 要安排适宜的训练负荷

在利用竞赛训练法进行训练时,运动员能有效激发训练的兴趣,但同时也会容易出现失控的局面。因此,教练员应结合足球专项特点和运动员的身心特征及运动水平,合理选择竞赛形式,合理安排运动负荷,这样才能保证竞赛训练法的顺利实施。

(五)综合训练法

在运动训练中,如果只采用其中一种方法会难以达到理想的训练效果,而综合训练法的采用则解决了这一问题。利用综合训练法能充分发挥各个方法的优势,取长补短,从而促进训练水平的提高。

在利用综合训练法时,教练员应以训练目标和训练任务为出发点,设计与控制整个训练过程,确保训练活动合理、有序的进行。采用综合训练法对运动员有以下几种好处:

(1)结合各种训练方法可以促进球员身体素质及运动技能的全面、有效提高,球员对多种训练任务和内容的快速适应也会增强。

(2)多种训练方法能够促进足球技术训练与足球专项素质训练的有机结合,从而能够促进现代足球运动员对比赛的适应能力的不断提高。

(3)采用综合训练方法能有效地调整训练负荷,从而能有效取得综合性的积累效果,让球员不轻易产生疲劳。

第四节　校园足球训练课的科学设计

一、校园足球训练课内容的设计

校园足球训练课内容设计的合理与否将直接影响着足球训练课的目标及足球训练的质量，在设计时需要注意以下几个方面的要求：

（一）体现足球比赛内容

足球训练课内容的设计应以足球比赛的内容为重要的参考依据，这是安排足球训练课内容的基本要求。一般来说，足球训练课内容的安排要注意以下两个方面：

一方面，足球训练课的内容应与足球比赛内容密切联系，这样的安排与设计能更好地促进运动员比赛能力的发展和提高。

另一方面，足球训练课的内容要根据比赛的重要程度合理安排，比赛内容要占据较大比例，要采取各种手段和措施加强这一方面的训练，训练时间方面要比普通训练内容所花费的时间长，以保证运动员熟练掌握这一部分内容。

（二）重视竞技能力发展

足球运动员的竞技能力包含诸多方面，任何一方面能力的缺失和不足都会削弱其整体竞技能力水平。因此，在设计与安排足球训练内容时要充分考虑这一点，使训练内容的安排符合训练与比赛的要求，使之有利于运动员竞技能力的发展和提高。

首先，要重视运动员足球竞技能力薄弱环节内容的安排，使运动员有效弥补和提高这方面的能力。例如，对于体能素质差的运动员要多安排一些体能训练内容，射门技术较差的运动员要多安排射门这一环节的训练内容。

其次,足球是一项团体性运动项目,整个团队的优势竞技能力是获得比赛胜利的重要保证,因此,训练内容的安排还要以整体发展为依据,在进行补偿训练的基础上,多安排一些"特长"或优势内容的训练。

(三)符合训练课的目标

足球训练课目标非常重要,它能为足球训练课的进行指明正确的方向。而训练课内容则是训练课目标的有效体现,训练课内容的设计与安排要符合训练课的基本目标,一切内容的安排都要有利于目标的实现。

例如,一堂足球训练课的目标是提高运动员的射门能力,而单纯无对抗下的射门并不能很好地提高运动员的射门能力,这时可以采取人墙或队员对抗中射门的形式来促进运动员射门能力的提高。

(四)突出不同训练课特点

足球训练课内容的设计与安排还要突出不同训练课的特点,按照一定的要求进行训练。

1. 体能训练课内容的安排

一般来说,足球体能训练课内容的安排要注意以下几点:

(1)速度素质练习内容、灵敏和协调性练习内容一般应安排在训练课的主体(基本)训练部分的开始阶段。

(2)快速力量(爆发力)和速度耐力素质的练习要安排在基本训练部分的中段。

(3)有氧耐力或力量耐力素质练习内容应安排在课的基本训练部分的结束阶段。

2. 技战术训练课内容的安排

在安排足球技战术训练内容时需要注意以下几点:

（1）新技战术训练内容的安排要适宜，一般来说主要安排在巩固或提高的训练内容之前。

（2）简单技战术训练内容应安排在复杂技战术训练内容之前。

（3）单个技战术训练内容应安排在组合技战术训练内容之前。

3. 综合训练课内容的安排

足球综合训练课的内容非常多并且较为复杂，因此，在安排时要对其进行合理搭配，以帮助运动员提高其运动水平。其安排有以下几点需要注意：

（1）在进行技术与战术结合训练时，要将技术训练安排在前，战术训练安排在后。

（2）在进行技术和体能结合训练时。要将速度素质、灵敏素质和柔韧素质的训练安排在技术训练之前，力量素质、耐力素质的训练安排在技术训练之后。

（3）在进行战术和体能结合训练时，其训练内容安排可以参考技术和体能结合训练时的安排。

（4）进行技术、战术、体能结合训练时，技术训练应安排在战术训练之前；速度、灵敏、柔韧等训练内容放在技术训练之前；力量、耐力等训练内容放在战术训练之后。

4. 比赛课内容的安排

（1）一般情况下，足球比赛课内容的安排应以训练课目标为重要依据，安排的训练内容要有利于训练目标的实现。

（2）应设计一些与正式比赛场景相符的训练内容，使运动员真正进入到比赛情境之中，从而获得比赛能力的提高。

二、校园足球训练课负荷的设计

训练负荷即运动负荷，是训练中运动员肌体所承受的负载量。运动员在训练的过程中，训练负荷安排得是否合理，是否符合运动员的身心特点与运动水平将直接影响着训练水平和质量，因此,科学设计足球训练负荷便显得尤为重要。

(一)训练课负荷影响因素

一般来说,训练负荷主要包括负荷量与负荷强度两个方面,二者相互影响、相互促进,是影响足球运动员训练水平提高的重要因素。另外,运动负荷也受多方面因素的影响(表6-2),在足球训练课设计与安排时,教练员或体育教师要重视。

表6-2 影响足球训练课负荷的主要因素

影响训练课负荷量的主要因素	影响训练课负荷强度的主要因素
训练课时间	练习人数与练习组数
重复练习的次/组数	练习用球
练习距离	练习负荷的持续时间
练习场地	练习间隔
练习人数	练习难度
负荷重量	练习速度
训练器材与设施的数量	练习用力程度
—	练习对抗程度
—	训练课运动密度

(二)训练课负荷设计原则

足球运动训练课负荷的科学设计,应遵循以下基本原则:

1. 适宜负荷原则

(1)根据运动员的身心特点和运动水平合理安排训练负荷。

(2)一般来说,负荷量度的增加越接近个体承受能力的极限,就越能挖掘其潜能,也越能取得理想的训练效果,因此,要科学探求个体与球队整体的负荷量度的临界值,合理地加大训练负荷量度。

(3)在训练课中正确处理两次训练课之间的负荷关系。

(4)处理好训练负荷与训练恢复之间的关系。

第六章　校园足球系统训练理论与方法研究

2. 比赛需要原则

（1）运动训练负荷的安排应符合个体在运动对抗中的特点。

（2）训练负荷的安排应符合足球比赛的要求。

（3）训练符合的安排应符合小间歇而反复完成较大负荷强度的负荷特点。

3. 周期性原则

足球运动员在竞技状态形成后可以稳定在一定的时期内，这就是所谓的竞技状态的保持。但是当运动员的竞技状态保持一段时间后，就会出现下降的趋势，这一阶段叫作竞技状态下降阶段。每一阶段，运动员都会呈现出不同的阶段特点或周期性特点，因此，在安排训练负荷时应在周期的不同阶段体现出周期性特点，即训练课负荷的安排要遵循周期性原则。

4. 循序渐进原则

足球训练课负荷的安排还要遵循循序渐进的原则。负荷的安排要由小到大，有一定的过渡，不能直接承受最大负荷或从最大负荷不经过渡而结束训练。

（1）训练课热身与引导训练阶段：应平稳地逐渐增大训练负荷。

（2）基本部分训练阶段：训练负荷应呈现三个阶段的变化，即训练学习阶段的负荷量度明显增强，负荷强度呈上升趋势；学习阶段的中后部分出现第二个较大的负荷高峰；运用与巩固阶段的负荷应是整个训练课负荷的最高峰，训练负荷达到比赛水平。

（3）恢复放松训练阶段：负荷量度明显降低，负荷强度快速下降，逐渐滑向负荷的低谷，最终过渡到停止运动。

三、校园足球训练课方法的设计

发展到现在，足球训练的方法越来越多，一些新式的训练方法被广泛应用于足球训练之中，由此可见在足球训练方法方面，可供教练员选择的余地越来越大，但是教练员或体育教师在设计与选择训练方法时也要注意以下几点：

（一）足球专项发展的指向性

足球训练手段与方法具有明显的"足球倾向性"，这样能够更加有效地解决"足球"问题。例如，12分钟跑的持续训练法，与运动员在实际比赛中的身体活动及供能特点不吻合，不能很好地解决足球耐力训练的倾向性问题，因此，不能将这一训练方法作为提高足球运动员有氧耐力训练的方法。

（二）训练方法的内容针对性

随着竞技体育运动的高度发展，训练方法也越来越多，不同的训练方法对于发展足球运动员的不同素质具有不同的效果和作用，因此，在校园足球训练课中，教师所选择的训练方法要有一定的针对性，要根据每一名学生运动员的特点和运动水平而定。

（三）符合认知特点与接受能力水平

在足球训练课中，训练方法的设计与安排应尽可能符合学生的认知特点与接受能力水平，以帮助学生更好地理解与掌握训练方法，从而更好地提高自己的运动水平。

四、校园足球训练课攻防目标的设计

现代足球运动比赛中，攻防目标可大可小，目标数量可多可少，因此在训练中，攻防目标方位、大小、数量应根据训练目标来设置，以便更好地实现训练课目标。

（一）攻防目标类型的设计

（1）单攻防目标（单球门或1个目标人）：适用于改进和提高局部地区攻防技、战术某一方面的能力，如固定套路练习、射门或

第六章 校园足球系统训练理论与方法研究

运球过人突破练习等。

（2）双攻防目标（双球门或两个目标人）：适用于攻防僵持与转换能力的发展和提高训练。如2对2、3对3、5对4等攻防战术练习。

（3）多攻防目标（多球门或多个目标人）：适用于攻防重心转移的训练。

（4）较大攻防目标（某一区域）：适用于对重点区域技战术的应用的训练，如保护、补位与协防。

（5）较小攻防目标：适用于提高传球与射门技术运用准确性的技术训练，以及提高进攻结束阶段的战术配合训练。

（二）攻防目标方位的设计

校园足球训练课攻防目标方位的设计主要包括以下几种：

（1）场地两端中间相对，直线相距较短的两个攻防目标（图6-3）。适用于提高迂回进攻能力的攻防对抗练习；捕捉门前进攻战机和要害区域防守能力的攻防对抗练习；提高快速攻防转换的意识及能力的攻防对抗练习。

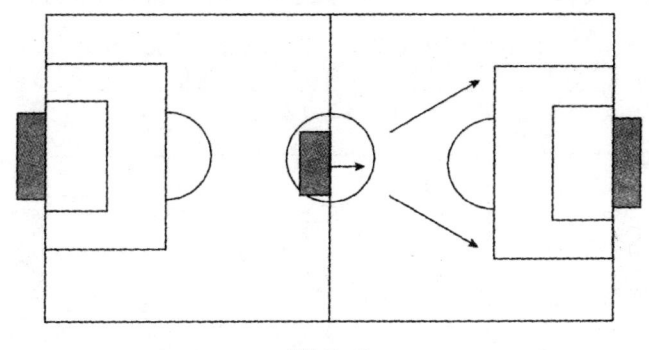

图 6-3

（2）场地一端左右侧的两个或全场四个攻防目标（图6-4、图6-5）。适用于提高边路攻防能力的攻防对抗练习；提高边转边、中路向两侧边路过渡性转移进攻能力练习。

图 6-4

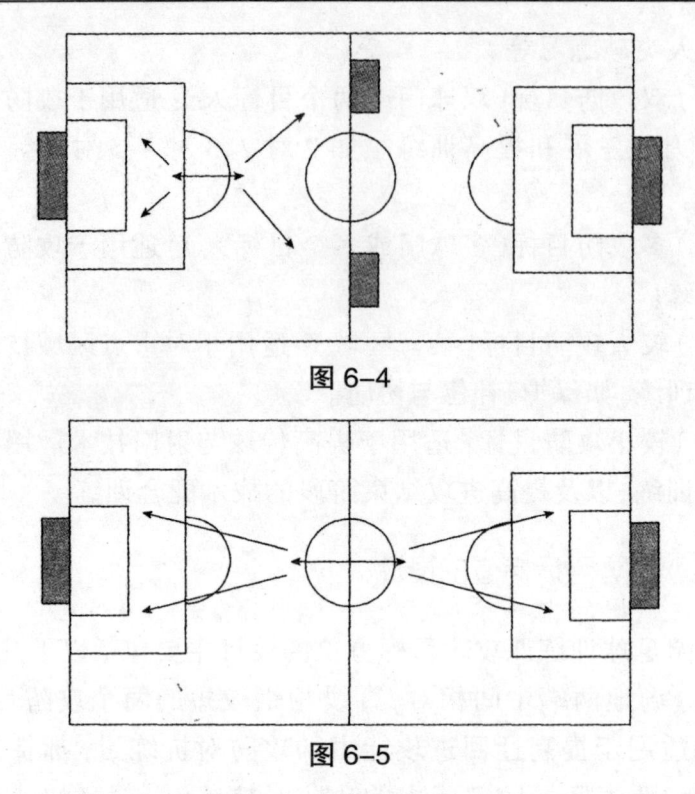

图 6-5

（3）边路区域边、中两个攻防目标（图 6-6、图 6-7）。适用于提高边路个人或两人之间的纵深进攻 / 防守能力练习；提高个人或两人之间的边路内外线结合的纵深 / 防守能力练习。

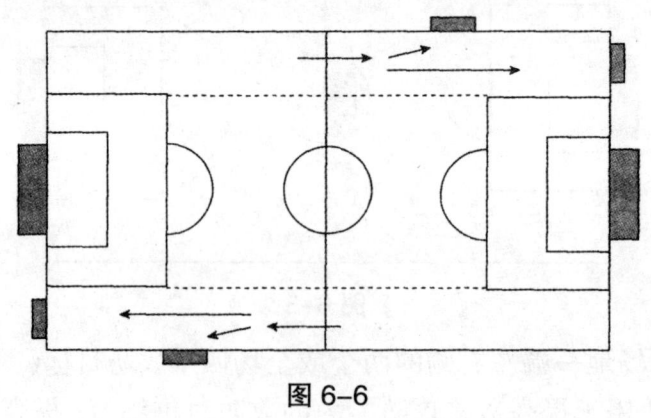

图 6-6

图 6-7

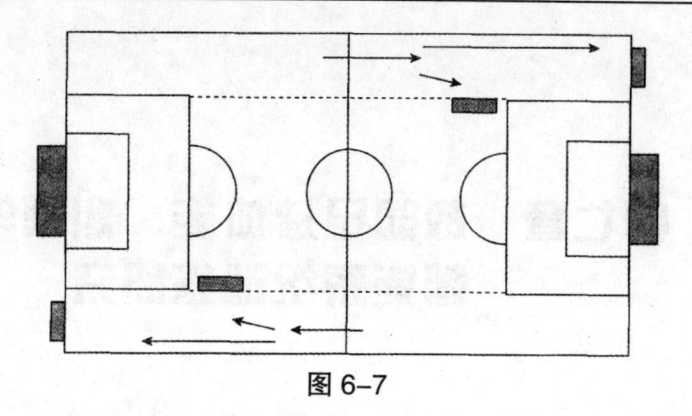

（4）场地两边与端线中间三个或全场六个攻防目标（图6-8）。适用于发展与强化边中结合、中边结合和中路渗透的立体进攻意识及能力训练；提高快速调动防守重心，形成立体逼迫式盯人的协防意识及能力训练；提高局部或整体攻防协调与灵活性的训练。

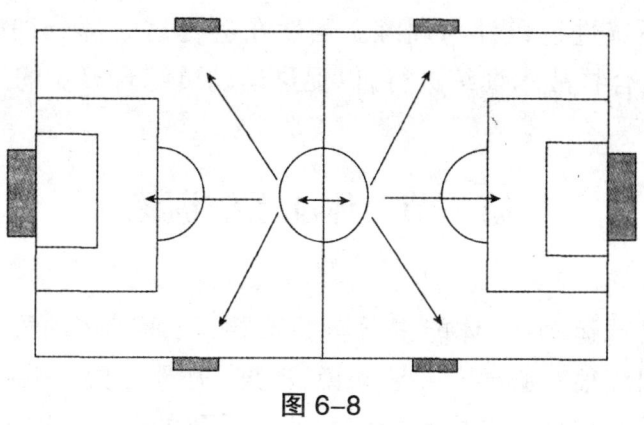

图 6-8

第七章　校园足球体能、心理与智能系统训练研究

体能、心理与智能是足球训练系统中最为基础的三个部分，要促进运动员足球运动技能水平的发展和提高，获得优异的比赛成绩，就必须要加强体能、心理与智能的训练。只有具备以上三种能力，才能为运动员比赛中技战术的发挥提供保障，为本方赢取比赛的优势。因此，我们可以将体能、心理与智能作为一个小的训练系统进行设计与训练。当然在进行这一部分训练的过程中也要结合技战术训练进行，以促进运动员综合素质的发展。

第一节　体能系统训练

在足球运动中，体能素质至关重要，因而对运动员进行系统的体能训练很有必要。一般来说，速度、力量、耐力、柔韧、灵敏等体能素质在足球运动中都扮演着非常重要的角色，我们可以分别采用以下方法来提高足球运动员的各项专项体能素质：

一、专项速度素质训练

（1）爆发力训练：后蹬跑、转身跑、追逐球跑等练习。
（2）位移速度训练：各种全速跑、加速跑练习以及小步跑、高抬腿跑等练习。
（3）起跑训练：站立式、蹲踞式、原地跳跃等练习。

（4）在球场上划定一定的距离，设置不同距离间隔和有方向变化的标杆或锥体，做绕杆跑练习。

（5）抢球游戏，全体人员分为两排，面对站立，相距20米，在中间10米处画一条线，每隔2米放一球。当听到教练员口令后，快速上前抢球，抢球多的一方获胜。

（6）追球射门。两人一组，站立于中圈外的中线两侧，听教练员指示，接教练员踢出的球起脚射门，注意射门的精确度。

二、专项力量素质训练

（1）抢夺球练习。在球场内，划定一定的范围，二人合作进行抢夺球的练习。

（2）蹲跳顶球。取半蹲姿势，连续蹲跳中做顶球练习。

（3）倒地起身。一人运球，另一人从侧面铲球，铲球倒地后快速起身追球，双方交换练习。

（4）合理冲撞练习。一人运球，另一人贴身跟随并冲撞运球队员，运球队员要稳住重心，或两人同时争顶并在其间合理冲撞。

（5）挺举练习。要求完成每一环节时都必须采取爆发性动作。

（6）对抗力量练习。利用跑动中为争夺控球权的合理冲撞、连续跳起争顶球、贴身紧逼对抗、身体挤压等方法做对抗中的力量素质练习。

三、专项耐力素质训练

（一）有氧耐力训练

（1）结合自身素质和运动条件进行不同距离的越野跑训练，训练负荷的安排因人而异。

（2）400～800米变速跑。运动负荷强度的安排要因人而异，心率控制在130～180次/分。

（3）半场7对7控球对抗训练。每队在传控好本方球的同时全力破坏对方的传控。对抗的强度和人数的确定可以根据实际情况适当调整。

（4）100～200米间歇跑。要求训练时间至少半小时以上。间歇时间内采用积极性休息方式，运动负荷视运动员情况而定。

（二）无氧耐力训练

（1）进行1分钟内1对1追拍或1对1过人训练。

（2）做往返冲刺传球训练。队员甲往返冲刺在限制线之间（间距10米），在限制线附近回传乙、丙分别传来的球，乙、丙离限制线约5米。

（3）100～400米逐渐缩短间歇时间跑。采用80%～90%的训练强度，心率达到180～190次/分。

（4）进行编组训练。内容可以是折线快跑20米—仰卧屈体5次—冲刺10米—突停转身铲球—向左右做旋风腿各1次—快跑中跳起头顶球3次—冲刺射门2次—三级蛙跳。

（5）争球射门训练。12人分为2组，每组占用半个足球场地，每组1名守门员，2人一组，争教练发出的球，得球者攻，无球者防，交替进行。练习时间为15分钟。

四、专项柔韧素质训练

（1）踢球、头顶球和铲球等各种技术的模仿练习。

（2）模仿内、外侧颠球动作，单、双腿连续做内翻和外翻动作，模仿内扣、外扣动作，单腿连续做内转、外转动作。

（3）做大幅度的摆腿、踢侧身凌空球、倒勾球等练习。

五、专项灵敏素质训练

（1）带球做绕过障碍或接反弹球练习。

（2）两人一组，带球慢跑，在跑动的过程中冲撞对手，对手做出躲闪动作。

（3）划一块区域，在这一区域内设置各种障碍，要求队员充分利用自己的身体条件顺利通过障碍。

（4）三人一组，甲传球，乙负责盯防，丙运用各种动作摆脱乙的防守尽可能做到接到甲的传球。

（5）同伴手持长绳，并将其抖成波浪形，队员敏捷地跳过。

第二节 心理系统训练

对于青少年运动员而言，在平时的学习和训练中常会出现一定的心理问题，如训练厌倦、比赛焦虑、自卑感、嫉妒感、猜疑感、孤独感以及挫折感等。为避免这些问题的出现或者想解决这些心理方面的问题，需要对青少年运动员进行必要的心理健康训练。对于青少年出现的不适应行为，必须进行及时的引导与教育，否则会严重影响他们行为的健康发展。

一、训练厌倦的矫正方法

当出现厌倦情绪时，青少年运动员通常对运动训练感到厌恶和恐惧，致使训练效率低下，很多时候一些青少年运动员会用逃避训练的方式来摆脱这种厌恶感，这非常不利于运动员的系统性训练，长此以往就难以取得理想的训练效果。鉴于此，我们可以采用以下方法调整运动员的训练厌倦情绪：

（一）适度强化训练动机

在平时的足球训练中，教练员要常用球星成功的案例激励青少年，将刻苦训练和坚持不懈的精神贯彻于训练之中，将其从客观需要转化为青少年的主观需要。另外，还要为青少年足球运动员营造一个良好的训练环境,使其体验到运动训练的快乐,激发其自觉参与运动训练的积极性,在运动员取得进步时,适当地予以表扬和奖励,进一步强化其足球训练的动机,这样能取得理想的训练效果。

(二)树立理想和目标

青少年足球运动训练中,教练员要结合具体的训练情况和运动员的运动实际确定合理的富有层次的目标系统,训练目标应由小到大,指导运动员按部就班地进行训练,促使训练目标的一一实现。

二、比赛焦虑的矫正方法

受各种因素的影响,青少年足球运动员往往会出现比赛焦虑的情绪,出现这种情况时就无法参加正常的运动训练,这非常不利于运动员竞技水平的发展和提高。因此,必须要采取必要的措施和手段消除运动员的比赛焦虑情绪。

(一)适当转移注意力

青少年足球运动员如果在赛前感到十分紧张,注意力降低,难以激发比赛的斗志,这时就可以采取转移注意力的方法,如做一些轻松愉快的游戏、技术练习等来适当地转移注意力,这样可以有效缓解运动员内心的压力,消除比赛紧张情绪。

(二)自我松弛法

在参加足球比赛前,青少年运动员可以利用自我松弛法来消除比赛焦虑和紧张的情绪。其方法主要有:排除杂念,集中意念,做深呼吸,放松全身肌肉等。也可采用闭目冥想法,闭目冥想训练中的各种技术与战术,想象自己过人突破的场景,以及某一战术完成的过程,这样能有效帮助运动员将注意力转移到技战术温习上,消除紧张情绪,促使运动员以积极的心态面对比赛。

(三)积极的自我暗示

可以说,比赛焦虑是一种与比赛相结合的条件反射行为,它往往和失败的比赛经历有着一定的关系。因此,在参加足球比赛前,青少年运动员应给予自己积极的暗示,暗示自己能够顺利执行教练员的战术,能顺利控制整个比赛过程。

三、自卑心理的矫正方法

自卑也是青少年足球运动员常见的一种心理现象,导致运动员产生自卑心理的原因主要有运动成绩不理想和教练员和队友对自己评价偏低等方面。当出现这一心理现象时,运动员要引起重视,要采取必要的措施和手段进行矫正。

(一)客观评价

对于所有的运动员而言,每一名运动员都有自己的长处与短处,不能因自己某些竞技能力方面有缺陷而怀疑自己的全部能力。因此,在平时的训练和比赛中,青少年足球运动员要意识到自己的优点和不足,客观评价自己的能力,这样才能更好地认识自己,更好地投入足球训练之中。

(二)合理比较

青少年足球运动员在平时的运动训练中往往会与其他运动员进行比较,但是运动员不应该总是用自己的不足与别人的长处相比,而应该与环境和心理条件相近的人进行比较,这样才能清醒地认识自己的实力,从而有针对性地提高训练水平。

(三)正确归因

在平时的足球训练中,如果青少年运动员因主观目标脱离实际而导致失败,就需要根据实际情况合理调整训练目标;如果因自己努力不够或方法不对,就需要改进训练的方法和手段;如果因能力不足而导致失败,就需要客观评价自己,并寻找其他解决的办法。总之,青少年应该接受现实,发现自己的优点和不足,扬长避短,获得发展。

四、嫉妒心理的矫正方法

嫉妒是与他人比较,发现自己的才能、名誉、地位、境遇和外貌等方面不如别人而产生的一种由羞愧、愤怒、怨恨等组成的复杂情绪状态。嫉妒在青少年生活中时有出现,它具有明显的发泄性。这一心理在青少年足球运动训练中也时有出现,当出现这一心理问题时就要采取一定的手段加以解决。

(一)客观地认识自我

作为一名现代社会的青少年,要充分认识到,受主客观各方面因素的影响,每一名运动员都存在着较大的差异,青少年应冷静正确地分析与评价自己,找出与他人之间的差距,认识自我存在的不足,开拓自身潜能,取长补短,积极地投入运动训练之中。

(二)克服狭隘心理

一般来说,青少年心胸狭隘与否,与他的思想修养、道德水平、文化素质、社会经历和性格品质有关。通常情况下,可以采用淡化自我、摒弃私念、开阔心胸等方式来克服狭隘的自私心理,这样就会消除自身的烦恼,以积极的心态投入足球训练之中。

(三)注意人际交往

一般来说,如果青少年长期缺乏情感的沟通,就容易导致心胸狭隘,进而产生嫉妒心理,参加足球运动训练的青少年足球运动员也是如此。因此,青少年运动员要注意平时学习和训练中的人际交往,加强与人沟通的能力,开拓自己的生活空间,以避免产生嫉妒心理。

五、挫折心理的矫正方法

青少年期是一个充满矛盾的时期,矛盾的交织使青少年的心理状态很不平静,加之青春期神经系统兴奋,使他们的心理发展带有明显不稳定、多变化和动荡的特点,他们极易遭受挫折。在这种情况下,如果青少年得不到父母或教练员的理解与抚慰,往往会产生严重后果。对此,无论是家,还是球队,都应该及时对其进行挫折教育,帮助青少年克服挫折心理。

(一)家庭教育

对家庭教育来讲,总的原则应该是严格要求、因势利导与创造力相结合。既严格要求,又讲民主;既要进行世界观、人生观、理想与目标的教育,又要注意在日常生活中培养其良好习惯,提高动手和动脑能力,磨炼意志。在家庭教育的过程中,父母一方面应该成为青少年的朋友,成为他们心理矛盾的直接疏导者,对青少年失衡和动荡的心态,父母应用爱心去抚慰,使他们在心理上获得安全感,以克服挫折感;另一方面,父母也应该及时而有度的给青少年一些独立锻炼的机会,让他们一定程度上尝试错误、失败、小坎坷,从而增强他们对挫折的承受能力。

(二)球队教育

就球队教育来说,青少年俱乐部作为青少年长期训练的所在团体,应该是对青少年进行挫折教育的重要基地。一般而言,青少年俱乐部的挫折教育可以通过以下途径来开展。

1. 加强人生观教育和生活管理

加强人生观教育,有利于青少年正确认识社会,以及妥善处理理想与现实的种种矛盾和冲突,从而正确对待成长过程中的坎坷和挫折。同时,要加强对青少年日常生活的管理,丰富俱乐部文化生活,这有利于他们身心健康发展。

2. 开展多种形式的挫折教育

可以开设有关挫折教育的课程和讲座,使青少年能够系统地了解挫折情境、挫折认知、挫折反应、挫折防御、挫折疏导等有关挫折的基本知识,提高挫折意识,增强应付挫折的信心和能力。俱乐部还应有目的地组织青少年参加各种社会实践活动,培养他们自己动手解决实际困难的能力。

3. 提供心理咨询与服务

建立健全心理咨询和心理辅导机构,帮助青少年进行心理疏导,引导他们分析自己的智力和性格特点,改进学习方法,正确评价自己和正确对待他人,掌握人际交往的知识,建立良好的人际关系,合理处理爱慕与学习、友谊的关系,以便遇到困难和挫折时,能够运用自我调节的方法减轻心理压力。

第三节 智能系统训练

一、智能的概述

青少年足球运动员对足球赛场上事态的认识和运用自己的知识对出现的各种问题进行解决的能力就是所谓的足球运动智能。

在足球运动中,智能也属于运动员竞技能力的重要组成部分,智能在比赛中也起着极为重要的作用,拥有良好智能水平的运动员在比赛中往往能作出准确的判断,促进比赛向着本方有力的方向发展。

在现代竞技体育高度发展的背景下,足球比赛的专业化程度日益发展和提高,面对这一形势,运动员必须具备良好的智能水平才能适应比赛的需要。在某种情况下,运动员的智能水平甚至直接决定着比赛的结果。因此,在青少年足球运动训练中,要十分重视运动员的智能训练。

二、一般智能训练

运动员足球运动智能的发展需要建立在一般智能发展基础之上。一般来说,运动员的一般智能主要包括观察力、记忆力、注意力、思维能力、想象力以及创造力等方面。

(一)观察力训练

观察力是运动员一般智能的基础。在平时的运动训练中,要注重运动员观察能力的培养与训练。足球比赛竞争激烈,场上形势复杂多变,运动员拥有良好的观察能力,就能适应快速变化的比赛情景,及时地从大脑中提取训练中或过往比赛中累积的素材,以有效应对比赛中的突发状况。

在青少年足球训练中,要想培养与提高运动员的观察能力,就要给运动员布置观察任务,培养其观察习惯,并给传授观察的方法。在布置观察任务时,运动员要事先作好准备活动,明确观察的任务、目标与重点,掌握观察的程序,在观察完毕后要作好一定的总结。教练员可以结合足球比赛的特点和运动实际设置一些比赛场景,制订观察计划,切实提高青少年足球运动员的观察能力。

(二)记忆力训练

在青少年足球运动员的智能训练中,记忆力训练也非常重要。一般来说,人的记忆力主要包括逻辑记忆、情绪记忆、形象记忆以及运动记忆等方面。但不论哪一种记忆类型,都开始于感知记忆,然后发展为短时记忆,最后将短时记忆向长时记忆进行转化与强化。

在青少年足球运动员智能训练中,发展和提高其记忆力的方法是,经常性地布置给运动员记忆任务,如记忆一场比赛中对方运动员的技战术特点和具体比赛情境,在赛后复述这些内容,将感知记忆及时向短时与长时记忆转化,进而提高运动员的记忆能力。

(三)思维能力训练

思维能力是青少年足球运动员智力素质的核心部分,因此,在日常的训练中,要加强运动员的思维能力训练。

一般来说,人的思维主要有逻辑思维、形象思维和灵感思维三种方式。每一种思维方式都对运动员的运动智能起着重要的影响和作用。我们可以采取以下措施来培养和提高青少年足球运动员的思维能力。

(1)加强运动员体育理论知识的学习,帮助运动员充分认识现象与本质之间的联系。

（2）采取积极手段与措施培养青少年足球运动员的直觉能力。

（3）在运动训练中，时刻启发运动员的灵感，鼓励运动员的奇思妙想。

（4）创设类似比赛情境，加强青少年足球运动员的思维速度训练，要求运动员在规定的时间内完成事先制订的思维任务，帮助运动员养成良好的思维习惯。

三、运动智能训练

加强运动员的运动智能培养与训练，传授体育理论与运动训练知识、提高技能水平和促进智能开发是主要的途径。其中，知识的掌握、运动技能的提高和智能的开发是互为条件的，三者之间的联系非常密切。在运动员智能训练的过程中，要将这三个方面结合起来进行。

（一）通过基础知识传授发展运动智能

（1）在青少年足球运动员日常训练中，要注重足球理论知识与运动训练知识的传授，让学生掌握运动训练的规律与方法，这样能从基础上促进运动员思维能力的发展，促进其知识技能的正向迁移。

（2）充分利用现代多媒体技术帮助青少年足球运动员学会运用比较、综合、判断、推理等思维形式来解决运动训练中的问题，促进其思维能力的发展和提高。

（3）在青少年足球训练中，要将理论与实践充分结合起来，培养运动员运用知识指导实际操作的能力。

（二）通过专项理论知识传授发展运动智能

（1）在运动训练中，应运用生物力学知识深入分析足球重点和复杂技术，以有效培养运动员的观察力和思维能力。

（2）通过足球比赛规则和裁判方法的学习，培养和提高其思维能力，要帮助运动员在训练与比赛中灵活运用已学到的知识与能力。

（3）传授运动员训练计划、自我监控等方面的知识，提高运动员自我保健的能力。

（三）通过运动训练实践发展运动智能

大量的事实表明，通过运动训练实践来提高足球运动员的智能水平是一个极为重要的途径。

（1）在具体的足球训练过程中，要引导运动员积极思考运动素质、技术、战术中的相关问题，提出解决问题的方法，培养运动员独立解决问题的能力。

（2）鼓励青少年足球运动员参与运动训练的制订，讨论运动训练计划是否科学和完善，是否符合具体的训练实际，以提高运动员的思维能力。

（3）在足球运动训练期间，还可以通过模拟比赛实战训练的形式，来强化足球运动员的理论知识的应用程度，切实提高青少年足球运动员的实际操作能力等。

四、足球多元智能训练

在青少年足球运动训练中，运动员会利用到多个方面的智能，只有将多种智能整合起来，才能充分激发运动员的运动潜能，从而提高训练水平和比赛成绩。在青少年足球运动训练中，要充分考虑和分析运动员的不同优势智能，有针对性地选择训练模式

第七章 校园足球体能、心理与智能系统训练研究

与训练策略,启发运动员的积极思维,培养运动员的个性,这样才能有效提高足球训练的效果。

在足球运动中,每一名运动员都存在着一定的差异,有的运动员擅长这种智能,有的运动员擅长那种智能,而总体来看,运动员的训练内容和方法也在一定程度上取决于运动员智能潜能的多元性。根据多元智能理论模式,可以设计一个多元智能训练系统,系统总体程序结构如图7-1、图7-2所示。

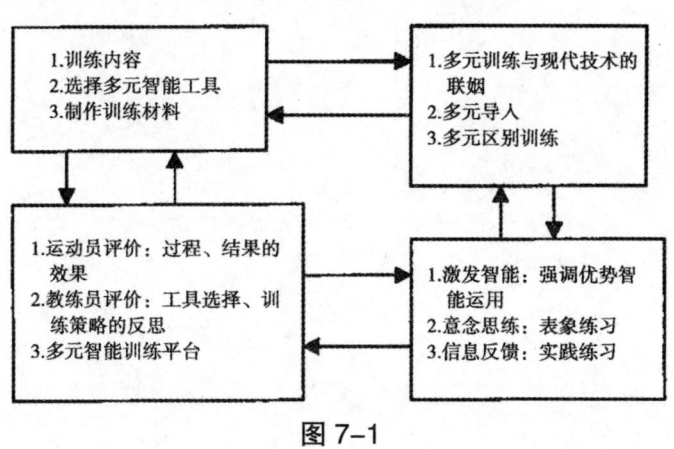

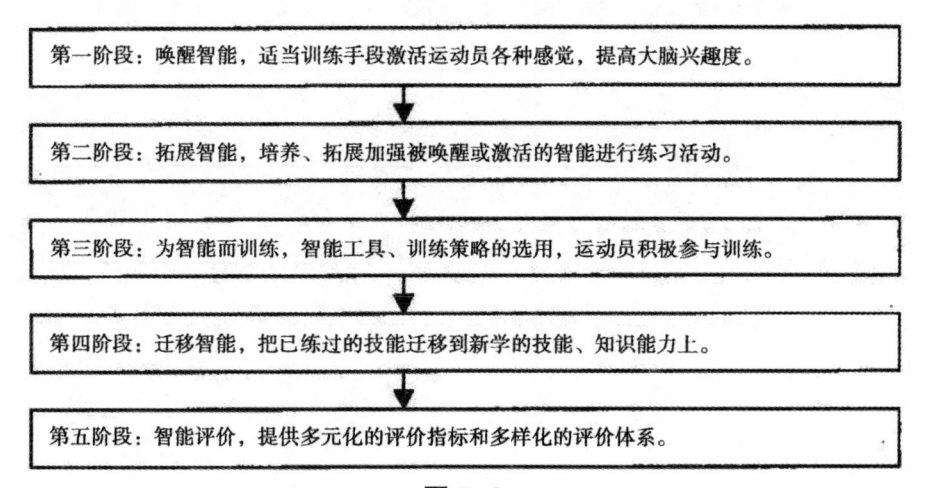

```
┌─────────────────────┐      ┌─────────────────────┐
│ 1.训练内容          │─────▶│ 1.多元训练与现代技术的│
│ 2.选择多元智能工具  │◀─────│   联姻              │
│ 3.制作训练材料      │      │ 2.多元导入          │
└─────────────────────┘      │ 3.多元区别训练      │
         ▲  │                └─────────────────────┘
         │  ▼                         │
┌─────────────────────┐      ┌─────────────────────┐
│ 1.运动员评价:过程、 │      │ 1.激发智能:强调优势智│
│   结果的效果        │─────▶│   能运用            │
│ 2.教练员评价:工具   │◀─────│ 2.意念思练:表象练习 │
│   选择、训练策略的  │      │ 3.信息反馈:实践练习 │
│   反思              │      │                     │
│ 3.多元智能训练平台  │      │                     │
└─────────────────────┘      └─────────────────────┘
```

图 7-1

┌───┐
│ 第一阶段:唤醒智能,适当训练手段激活运动员各种感觉,提高大脑兴趣度。│
└───┘
                          │
                          ▼
┌───┐
│ 第二阶段:拓展智能,培养、拓展加强被唤醒或激活的智能进行练习活动。│
└───┘
                          │
                          ▼
┌───┐
│ 第三阶段:为智能而训练,智能工具、训练策略的选用,运动员积极参与训练。│
└───┘
                          │
                          ▼
┌───┐
│ 第四阶段:迁移智能,把已练过的技能迁移到新学的技能、知识能力上。│
└───┘
                          │
                          ▼
┌───┐
│ 第五阶段:智能评价,提供多元化的评价指标和多样化的评价体系。│
└───┘

图 7-2

多元智能训练在足球运动训练实践中的运用有利于促进教练员与运动员之间相互合作的加强,有利于促进运动员之间,教练之间等人际之间沟通能力的提高,从而有利于全面提高运动员

的智能水平,将传统的足球运动训练中教练安排什么,运动员就自然地练习什么的模式打破。与此同时,在进行多元智能训练过程中,也要积极引导运动员在训练中展现自我的个性,提升运动员的自信心,这能有效促进青少年足球运动员的多元智能训练。

第八章 校园足球运动员系统训练研究

足球运动训练是一个大的系统,这一系统内元素众多,需要系统内各元素的相互配合才能促进训练水平的发展和提高。由此可见,加强运动员的系统训练,建立一个科学、完善的足球训练系统是尤为必要的。校园足球运动员正处于青少年时期,可塑性较强,正是促进其技术水平提高的重要阶段。本章就主要通过各阶段足球训练方法的讲解来促进运动员技战术水平的提高。

第一节 校园足球技战术系统原理

一、足球技术

(一)足球技术概念

足球技术是运动员在训练与比赛中逐步形成、发展和完善起来的,是运动员在足球比赛中所采用的合理动作的总称。

(二)足球技术特征

1. 足球技术运用的目的性

一般来说,运动员进行技术训练都带有一定的目的性,初学者在学习足球技术时盲目性比较大,但随着技术水平的提高,技术学习与应用的目的性会大大增强。足球比赛的最终目的是获得胜利,而要想实现这一目标,运动员就必须具备良好的技术能力,认识到这一点,运动员技术运用才更加有目的性。

2. 足球技术与意识相结合

在足球比赛中,场上形势变化莫测,在出现突发状况时,运动员必须要能洞察场上的发展形势,这就需要运动员必须具备良好的足球意识能力。

在足球比赛中,运动员技战术发挥和运用都受到自我意识的支配。因此,这就要求运动员在平时的训练中将技术训练与意识培养结合在一起,这也是足球运动最为明显的特征之一。只有足球技术同意识相结合,才能有效促进运动员足球技能水平的发展和提高。

3. 足球技术与速度相结合

现代足球比赛正朝着高速度、强对抗的方向发展,而要想适应这一发展形势,需要运动员具备出色的速度素质和高超的技术水平。速度素质在足球运动员竞技能力体系中占据着重要的地位,如果没有合格的速度素质,一切技战术的运用都无从谈起。

4. 足球技术与意志品质相结合

要想取得理想的比赛成绩,运动员除了要具备出色的技战术素质外,还要具备良好的意志品质,有时候顽强的意志品质在比赛中发挥着关键的作用。可以说,足球技术与运动员的意志品质是联系在一起的,二者的结合才能促使比赛过程向好的方向发展。

5. 足球技术的即兴发挥性

足球比赛具有一定的不可预知性,在比赛场上常会出现各种突发状况,这就要求运动员必须具备良好的反应能力和即兴发挥的能力,而要想具备这种能力就必须要建立在良好的技战术能力基础之上。

在比赛中,运动员的即兴发挥并不是盲目的,只有掌握扎实的技术、出色的意识、快速应变的能力等,才能在关键时刻瞬时表现出来。

(三)足球技术训练的影响因素

1. 影响足球运动员技术训练的速度因素

对速度的追求是现代足球发展的一个重要趋势,高水平的球队往往会用速度去争取赛场上的主动,通过加快速度赢得时间和空间来掌控比赛主动权。因此,根据足球比赛的这一趋势和要求,运动员在平时的训练中必须要将技术训练与速度训练结合起来进行,否则就难以适应比赛的要求。

2. 影响足球运动员技术训练的对抗性因素

现代足球比赛异常激烈,比赛中充满了激烈的身体对抗,要想取得比赛的胜利,运动员就需要在平时的训练中加强高强度的技术对抗训练。在安排足球技术训练时,要选择和设计具有较强对抗性的训练内容和训练手段,以有效提高运动员的对抗能力,这能帮助运动员在激烈的对抗条件下依然能够精确地完成技术动作。

二、足球战术

(一)足球战术的概念

足球战术是指足球运动员为了获得比赛的胜利,根据个人实际及场上情况采用的个人或集体相互配合的策略和方法。

(二)足球战术的本质

现代足球比赛对抗竞争非常激烈,场上形势也是瞬息万变,为了确保比赛形式向着有利于本方的方向发展,足球运动员根据场上的具体情况来合理地运用自身所掌握的足球知识、技战术技能。由此可见,足球运动员通过采用一切有利手段来促使比赛向着利于本方的方向发展,便是足球战术的本质。

(三)足球战术的指导思想

一般来说,足球战术的具体指导思想主要体现在以下几个方面:

1. 勇猛顽强

一个具有较高运动水平的足球队,必须要具有勇猛顽强的作风,要求运动员无论面对何种局面都要临危不惧,充满顽强的斗志。足球比赛异常激烈,比赛过程中充满了对抗性和争夺性,这也是足球比赛的主要特征。因此,作为一名足球运动员,必须要具备勇猛顽强的战斗作风,这也是取得比赛胜利的重要因素。因此,在平时的足球战术训练中,教练员要重视运动员勇猛顽强的战术作风的培养。

2. 机动灵活

在足球比赛中,运动员要能根据比赛场上的具体实际灵活地调整战术行为,随机应变,从而获取比赛的胜利。也就是说,要求战术指导思想要机动灵活,便于控制对方,获得比赛优势地位。

而要想具备机动灵活的战术意识和行为,首先就要做到知己知彼,在赛前首先要认真调查与研究对手,分析对手的特长和弱点,然后根据对手的弱点制定足球比赛策略,然后在赛前将这一战术指导思想灌输给运动员。

3. 快速准确

现代足球比赛攻守对抗越来越激烈,攻防转换速度加快,在这样的情况下,就必须要确立快速准确的战术指导思想,这样才能在复杂的局面下获得优势,从而取得比赛的胜利。这里所谓的"快"主要包括应变速度、动作速度、动作速率、跑动速度和配合速度等;而"准确"的基础是神经的高度灵活性、良好的意识、熟练的技术和教学有素的身体素质。运动者只有通过长时间的学习与训练,才能将训练效果最优化。"快速"与"准确"是紧密联系的两个方面,只有"快"和"准"结合,才能实现良好的战术效果。

第二节 校园足球运动员各阶段训练

校园足球训练是一个长期的过程,这一过程主要分为小学、初中、高中和大学四个阶段。在这四个阶段中,学生运动员的训练方案和计划都是不同的,下面主要讲解校园足球运动员各阶段训练的内容与程序。

一、小学阶段训练

(一)技术训练

(1)有球练习或游戏性训练。
(2)学习和掌握脚不同部位控制球的技术和方向感。
(3)学习和掌握运球的方法与技巧。
(4)学习双脚不同部位传球、接球和射门技术。
(5)学习头顶球技术和抢截球技术。
(6)小型足球比赛。
(7)熟悉球性的练习,提高控球、运球、传接球、射门等技术。

(二)战术训练

(1)提高学生个人战术应用能力和理解进攻与防守战术的概念。
(2)通过参加小型足球比赛,让小学生清楚足球比赛的目标——得分——获得胜利。
(3)选择简单方式和基础战术要素进行战术配合练习。

（4）通过对抗性练习和小型足球比赛,来提高学生的个人战术能力以及与人交流战术的能力。

（5）学习与掌握个人战术行动准则和攻防原则,建立基本的战术概念。

（三）身体素质训练

（1）通过各种一般性身体训练或借助训练器械和游戏,来使小学生灵敏素质和柔韧素质得到有效的发展,进而使小学生平衡能力、肌肉运动感觉区分能力和空间方位感得到提高。

（2）通过接近比赛场景的对抗性训练和小型足球比赛,来使小学生身体的协调和灵敏素质以及速度素质和耐力素质都得到相应的提升。

（3）利用不同的训练器材进行捉人游戏、接力、障碍赛、反射练习、平衡练习、韵律训练练习等。

（四）心理素质训练

（1）利用接近比赛场景的训练和小型足球比赛的方式,激发学生学习足球的兴趣。

（2）培养学生对自然环境和人际环境的适应能力。

（3）保持学生学习足球的注意力和热情,保证获得良好的训练效果。

（4）在参与足球运动中培养学生的个性。

（5）培养学生学习足球运动的兴趣,树立良好的比赛作风。

（五）智能训练

（1）学习《足球竞赛规则》和《足球裁判法》,了解简单的足球竞赛规则和裁判法内容。

（2）观看足球教学影片和高水平职业足球队的训练和比赛,提高对足球运动的兴趣和观察力。

（3）介绍球星成长经历，让小学生运动员从小树立远大的目标。

（六）比赛能力训练

通过 2 对 2、3 对 3、4 对 4 和 5 对 5 人制的小型足球比赛的形式，提高小学生基本技术、洞察力和交流能力，其中基本技术是这一阶段小学生比赛能力训练的重点。

二、初中阶段训练

（一）技术训练

（1）通过小型足球比赛和接近比赛场景的对抗性训练，提高学生对抗情况下快速完成技术动作的能力。

（2）通过各种形式的比赛和接近比赛场景的对抗性训练方式，提高学生在错综复杂的比赛环境中正确运用已掌握技术的能力。

（3）通过模拟训练，提高学生在对抗局面下技术的应用能力以及完成技术动作的节奏和速度。

（二）战术训练

（1）使学生 1 对 1 个人攻防能力，以及二、三人局部攻守战术，各种形式的二过一战术，第二空当、连续二过一战术配合等得到提高。

（2）通过模拟比赛训练，使学生熟练掌握局部攻守战术，进一步提高学生传球与接应、盯人、紧逼与保护等能力。

（3）由小型足球比赛逐步过渡到正式比赛。帮助学生正确理解比赛，了解不同场区、不同时刻、不同位置所应采取的战术行为准则。

（4）通过 11 对 11 人制的正式比赛，学习全队进攻战术和全队防守战术。

（三）身体素质训练

（1）做各种反应和起动速度练习,发展和提高学生的速度素质和力量素质,尤其是启动速度和爆发力。

（2）在小场地内做传抢练习和快速的运球、传球、接球和射门练习,以提高学生完成技术动作的速度。

（3）通过与比赛要求的有机结合,利用定时跑、间歇跑、变速跑来使学生的有氧耐力素质得到有效提高。

（4）做变速跑、折返跑和小场地限时传抢等练习,提高学生的无氧耐力素质,练习过程中要合理控制运动负荷。

（四）心理素质训练

（1）提高学生在复杂比赛环境下进行比赛的心理承受能力。

（2）对学生的专项注意能力、观察能力、思维能力、应变能力进行培养。同时,还要进行赛前、赛中和赛后的心理训练和调节能力,使其责任意识得到进一步强化。

（3）有针对性地进行自我控制与自我暗示训练、增强自信心的训练以及观察和思维能力训练,提高学生参加比赛的自信心。

（五）智能训练

（1）指导学生学习和掌握足球技战术理论知识,定期进行比赛分析和战例分析,帮助运动员更好地理解技战术内涵。

（2）结合实战,将全队攻守战术理论传授给学生。

（3）向学生介绍和足球运动密切相关的运动解剖、运动生理、运动心理、营养、卫生和医务监督知识。

（4）培养学生良好的比赛风格与顽强的拼搏精神。

（六）比赛能力训练

（1）通过4对4人制足球比赛,来使学生1对1个人攻防技战术能力和小组攻防能力得到提升。

（2）通过7对7人制足球比赛,来使学生个人、小组攻防技战术能力,基本技术,洞察力和交流能力,尤其是洞察力和交流能力得到有效提升。

（3）通过4—4—2阵型的11对11人制比赛的基本打法阵型,来逐渐对4—3—3阵型、3—5—2阵型和3—4—3阵型进行了解和运用。

三、高中阶段训练

（一）技术训练

（1）培养学生的个人优势技能,提高比赛中运用技术的能力。

（2）发展和提高学生技术动作的速率、技术的准确性、稳定性以及精细化和自动化程度。

（3）通过小组对抗训练的组织形式来进行技术训练,训练负荷要符合学生的运动水平。

（4）充分利用教练员的正确指导及小型足球比赛和接近正式比赛场景的形式提高学生的技术能力。

（二）战术训练

（1）在比赛中发现问题,并且在训练和比赛中进行有针对性的纠正,积累比赛经验,形成良好的洞察力、交流能力和应变能力。

（2）要注意训练中进攻的多样性、创造性和实效性,要全面发展在较高压力下创造与利用、封锁与控制比赛时空的个人战术、小组战术与全队战术能力。

（3）与实战需要有机结合起来,使其整体性战术、专门性战术、攻守战术、攻守转换战术等得到提高。

（4）通过11对11人制正式足球比赛,来使学生对抗局面下的洞察力、交流能力和整体技战术的应用能力得到提升。

(三)身体素质训练

（1）进一步发展学生的足球专项体能。
（2）要保持大强度的速度、有氧耐力、反应速度、协调性专项练习,以及增加大强度的无氧耐力训练和最大力量训练,提高学生的爆发力素质。
（3）以学生个体和位置的需要为依据,来组织个体化身体训练。

(四)心理素质训练

（1）通过多种手段培养学生的训练和比赛动机。
（2）培养和提高学生的自信心、观察能力和思维能力。
（3）提高学生比赛的心理稳定性,缓解比赛中紧张的情绪。

(五)智能训练

（1）使学生对《足球竞赛规则》和《足球裁判法》的掌握和运用能力进一步提升。
（2）要求学生掌握一定的整体攻守战术知识。传授学生基本的运动医学和训练学等知识。

(六)比赛能力训练

以11对11人制正式比赛为主。比赛以4—4—2阵型为基本打法阵型,4—3—3阵型、3—5—2阵型和3—4—3阵型作为掌握阵型知识、丰富打法和提高实战能力的辅助阵型。以周末赛为主,可进入大区和全国范围内比赛,以此来提高学生的比赛能力。

四、大学阶段训练

（一）技术训练

（1）进一步强化个人技术特点，丰富学生技术的实用性、丰富性和独特性。

（2）培养学生良好的位置感，强化和提高学生在比赛中的节奏控制、位置选择等能力。

（3）以战术要求为导向来对技术训练的基本组织形式和内容进行相应的安排，其中，实用性技术的训练是重点所在。

（4）要精确量化技术训练的时空要求、负荷要求，追求准确，突出爆发性的同时兼顾稳定性。

（二）战术训练

（1）以运动员特点和球队需要为主要依据，针对性选择学生不同位置和打法，提高学生的战术运用能力。

（2）结合实战发展球队的专门性战术，建立一个稳定的战术打法体系。

（3）培养核心运动员，提高其驾驭比赛的能力，并提高全队协同作战的能力。

（4）有针对性地设计战术，熟练掌握并合理运用控制球打法、防守反击打法以及节奏控制打法。

（三）身体素质训练

（1）提高学生的专项体能素质，使大学生具备适应90～120分钟比赛需要的专项体能要求。

（2）在准备阶段、小量大强度的爆发力训练阶段和赛季中的每周一次大强度训练的保持训练阶段实施力量训练。

（3）注重力量素质训练，提高学生肌肉的耐力素质。

（4）通过瑜伽、静力伸展、低强度游泳等练习提升学生身体的柔韧性。

（四）心理素质训练

（1）系统规划团队心理建设，形成积极健康的球队文化和沟通机制。对大学生运动员的自信心和观察、思维能力进行重点培养。

（2）采取成功训练、目标训练、意念训练等多种方法激励学生参与训练和比赛的动机，提升学生的心理稳定性。

（3）培养大学生良好的道德品质和人格，提高其社会责任感。

（五）智能训练

（1）学习运动训练学、运动医学和保健康复等知识。

（2）帮助学生深刻理解全队战术和运用特征及如何合理运用战术。

（3）教会学生运动评价知识、方法、工具的运用，并对其进行职业规范教育和心理学知识培训。

（六）比赛能力训练

借助于11对11人制足球比赛的形式，来对年度、阶段和比赛期的教学比赛、检查性比赛、适应性比赛、模拟比赛和热身赛进行科学规划和设计。以球队特点为依据来有针对性地选择一种或者两种基本打法阵型，形成球队的基本打法风格，通过阵型的多样化训练来丰富技战术打法体系，提高学生的比赛实战能力。

第三节　校园足球运动员个人训练

一、个人进攻训练

(一)接球与护球

接球与护球是个人重要的控球技术,只有具备良好的控球技术才能在比赛中做到游刃有余。运动员在比赛中接到同伴的传球后,要尽快把球控制在脚下,然后使用身体/脚把球与防守运动员隔离开,保护好球权。为了控制好球,运动员就要学会控球基本姿势与要领,并能熟练掌握。当运动员能熟练地接球时,他们就要学会如何迅速摆脱防守运动员。在入门阶段,如果运动员能够掌握降低重心,膝关节微屈,利用身体倚靠住防守运动员,用支撑脚控制身体重心,控球脚改变球的方向等各种基本技术,他就可以学习其他身体部位的接球技术了。

一般情况下,在开始阶段要安排两个身体条件相近的运动员进行控球训练,可以让他们在3米的正方形区域内通过简单的拉球以及通过其他护球方式来练习控球技巧。当运动员掌握了一定的控球技巧后,就能获得一定的信心,这时候还要指导学生养成抬头观察队友跑位的习惯。

(二)运球突破

运球突破是一项重要的个人技术,运球突破成功的关键在于抬头观察场上的情况以及防守运动员的位置,这就取决于在本方持有控球权的情况下,在观察防守运动员的同时能清楚感知脚下球的位置及球的走向。一旦防守运动员尝试抢球的时候,进攻运动员就可以迅速改变方向,从防守运动员身体重心偏向的相反一侧将其摆脱。总之,快速的变向与突然的速度变化是运球突破的关键,教练员或体育教师在平时的练习中要十分强调这一点。

(三)传球与射门

传球与射门也是每一名运动员都要学习和掌握的基本技术。在学习传球技术时,要让运动员了解传球的原则和注意事项,并通过大量的练习,提高他们的传接球能力。

在进行射门练习时,要为运动员提供多种形式的射门练习。在练习中,不要在开始阶段教运动员使用固定的方法大力射门,因为这样会使许多运动员形成错误的观念,他们会认为只有大力射门才是最好的得分手段。而事实是,在比赛中大多数的进球是通过传球配合造成的。正确的方式是教练员指导运动员学习通过传球配合射门得分。当然,运动员有射门得分的强烈欲望是没错的,但教练员应注意培养运动员良好的射门意识与习惯,一般情况下,运动员个人运球突破然后大力射门的进球率并不高,只有通过传球配合才能提高射门的成功率。教练员应教会运动员如何选择得分几率最大的射门方式。

二、个人防守训练

(一)抢球

一般来说,抢球主要分为三种,即正面抢球、侧面抢球和背身抢球。

1. 正面抢球

(1)动作要领

正面抢球一般用脚内侧抢球,抢球前,膝关节微屈,重心下降,保持身体平衡,以便于抢球时的发力;抢球时,支撑脚要用力蹬地,身体重心向前移动,用抢球脚的脚内侧对准球的中心部位。

第八章　校园足球运动员系统训练研究

（2）抢球时机

抢球时机一般出现在对方的球超出其控制范围，注意力分散时。抢球一定要把握好时机，出现机会时行动一定要果断、坚决，避免盲目出脚或者被对方的假动作欺骗而失去身体重心，造成持球运动员突破。

2. 侧面抢球

（1）动作要领

在侧面抢球时，抢球者的支撑脚要在球的前面，用抢球脚从持球运动员脚下将球卡住，然后转动身体将球带走或者将球提拉使球越过持球运动员的双脚。

（2）抢球时机

在进行侧面抢球时，抢球运动员要跑动到与持球运动员平行的位置。抢球运动员还应避免未追赶上持球运动员或离持球运动员太远而盲目出脚，导致重心不稳，失去身体平衡。

3. 背身抢球

（1）动作要领

抢球运动员要注意保持与持球运动员的距离，站位要合理，否则就很容易被持球运动员的假动作欺骗。一般情况下，防守运动员最好与进攻运动员保持 0.5～1 米的距离。抢球时，一定要膝关节微屈，降低身体重心，保持身体平衡。

（2）抢球时机

背身防守持球运动员时，球处于持球运动员的前方，此时难以进行抢球，一般要等到持球运动员试图转身或半转身时做抢球动作。

（二）断球

1. 动作要领

要想断球成功，必须根据比赛情况，预测对方传球的方向、线路以及落点等,对是否有可能断球作出判断,如果把握性较大,则要选择合理的位置进行断球。断球点的位置选择非常重要,断球点不要太靠近传球运动员,否则会因为距离传球运动员太近,无法完成断球;断球点也不能太靠近接球运动员,否则未等形成断球,接球运动员就已经将球控制在脚下了。断球点应该选择在既有充分的起动出击时间,又能早于接球运动员抢先一步截断球的地方,这个断球点在传球者与接球者之间,应该略近于接球者。

2. 断球时机

防守运动员在断球前应隐蔽自己的断球意图,如果过早暴露自己的意图,传球运动员就有可能突然改变传球方向。对于断球时机的把握要准,应该做到既不暴露自己的意图,又要给自己留出足够的出击时间。断球的跑动必须要快,动作必须要准,但不要盲目出击,否则既浪费自己的体力,又破坏本方的防守平衡。

(三)封堵

1. 动作要领

封堵没有固定的动作要领,其关键在于站位与时机的选择。正面封堵时要选择好合理的位置,既要防止对手的突破,又要防止对手进行二过一配合,其主要目的是延缓对方的进攻时间,改变对方的进攻路线。防守运动员与持球运动员的距离要视场上情况而定,距离过远,达不到封堵的目的,距离过近则容易被对手突破。

2. 封堵时机

封堵一般选择在对方传球时;迫使进攻方将球转移到边路或者中路时;阻止进攻运动员向前方推进以及形成射门时。

（四）铲球

1. 动作要领

当防守运动员追赶至持球运动员右（左）后侧方 1 米左右时，防守运动员用右脚（左脚）的脚掌或脚尖将球铲离持球运动员。进行铲球时，要准确判断与持球运动员的距离与铲球时机。

2. 铲球时机

铲球技术主要运用于防守运动员已经无法追赶至持球运动员前面进行封堵或抢球，而持球运动员又有可能做出传球、射门或威胁本方球门的行动时。铲球时要勇敢、果断，如果铲球失误要迅速站起来继续防守。

（五）争顶球

1. 动作要领

利用双脚原地起跳或利用单脚起跳将球顶到远离本方球门的区域。顶球时，上体由后向前摆动，借助腰、腹和颈部力量将球顶出。

2. 争顶球时机

争顶球一般出现在防守三区破坏进攻方的高球时，主要包括角球、任意球以及传中球。此外，争顶球也经常出现在双方争抢守门员大力开出的球门球时。争抢的运动员要对各种传球作出准确的预判，做到早判断、早起跳，以便争取到有利的时间。

（六）协防

协防在比赛的防守体系中占有重要的地位，它不像其他防守手段一样单纯是一种肢体的动作。防守运动员在进行协防时，往往要考虑场上的局势以及同伴的位置，因而更体现了一种意识。

1. 协防运动员同紧逼运动员的距离

协防运动员与紧逼运动员的理想距离是 4～6 米。这样的距离既可以限制对手活动的时间和空间,还可以防止紧逼运动员被持球运动员突破时对本方的防守形成威胁。

2. 协防运动员的责任

协防运动员的责任是选择一个合适的位置给紧逼运动员以必要的呼应。协防运动员必须鼓励同伴逼紧对手,并暗示应将对手向外侧紧逼还是向内侧退防。

第四节 校园足球运动员小组训练

一、小组进攻训练

(一)接应

在小组进攻训练中,个人接球后的第一选择是射门,如果没有射门机会,就设法将球传给有机会完成射门的同伴,如果没有同伴接应则尽量控制球权,通过个人运球和突破来创造射门机会。

在进攻中,无球运动员需要通过跑位获得有利位置,以便随时对控球运动员形成接应。在平时的训练中,可以通过不射门的抢球练习来发展运动员的接应能力。在练习的初级阶段,让运动员学会通过跑动为控球运动员创造传球路线。有球进攻运动员至少需要一名接应者在他可传递的范围里,这名支援运动员需要与持球运动员保持合适的距离,以便随时对控球运动员形成接应。如果有球运动员能够抬头观察场上情况并能精确地长距离传球,接应运动员可以在远处接应。当运动员有一定的训练基础后,接应运动员不但要寻找传接球路线,还要通过语言对持球运动员进行提示,这就要求运动员必须具备良好的观察能力。

（二）二对一进攻

二过一配合有多种，在足球比赛中常用的主要有以下几种：

1. 传向防守运动员身后

在二对一的过程中，控球运动员直接将球传向防守运动员身后是一种极具威胁的方式，该战术运用成功的关键在于传球与接应运动员跑动的时机，两名运动员默契与否是战术配合是否成功的关键。通常使用的方法有过顶或渗透、斜传直插、直传斜插、回传反切等。

2. 传向防守运动员身侧

在比赛中，可以充分利用球场空间将球传到防守运动员侧方，这在比赛中也是一种使用频率非常高的方法。常用的方式主要有交叉掩护、撞墙式二过一等。

3. 传向防守运动员前方

在既无法直接将球传到防守运动员身后，又无法将球传到防守运动员侧方时，或着在战术上不需要执行上述行为时，可以将球传至防守运动员前方，这种球一般常出现在进攻三区。通常使用的方法如下：传中球、回传球。

4. 假动作

在2人战术配合中，并不是要求2人必须进行直接配合，有时候接应运动员可以通过假跑或扯动来吸引防守运动员，诱导防守运动员形成误判，然后控球运动员借机突破，这同样也能达到2人配合的效果。常用的方式主要有假传球、假跑等。

（三）三对一进攻

三对一进攻的训练，即在二对一进攻训练的基础上再添加一名进攻运动员，其原理和目标与两人进攻一致。在控球时，两名接应运动员要与控球运动员形成三角形的站位或跑位。一名运动员要抢占住防守运动员身前的位置,这样该运动员接球时就可以迅速穿透对方的防线。如果在对方半场而且接应运动员比防守运动员速度快,他可以得到传球后将球带向球门。如果球在自己半场而又比防守运动员慢,他首先要将球控制好,然后再寻求与其他队友配合。

当3人小组通过熟练的配合向前推进到射门区域时,三角进攻中后方运动员要向远门柱做弧线跑动,另一名接应运动员包抄到近门柱附近。在此过程中,3名进攻运动员必须保持三角队形,保持球权并努力制造空间使球能够传到自己脚下,最后完成进攻。

三角配合在小组进攻中非常重要,教练员应该充分重视,并以三角配合的熟练程度作为检验球队是否成型的重要参考指标。

(四)整体进攻

整体配合是由多个2人配合或3人配合组成的。当运动员掌握了3人进攻的基本方法后,就要过渡到3人以上的进攻练习或整体进攻练习。在典型的6对4的练习中,一般是控球运动员与离球最近的两名接应运动员进行直接配合,其余3名进攻运动员通过跑位牵制对手的防守力量,并通过快速的接应来减少全队的跑动,避免不必要的体能消耗。在这一过程中,3人配合并不是固定不变的,而是随着球的转移不断形成新的3人配合,这个不断形成的新的3人配合的过程就构成了整体进攻的基本模式。由此可见,2人或3人配合是整体进攻的基本元素,当运动员掌握了2人或3人进攻的基本方式,他们就会清楚自己在2人或3人进攻时的跑动时机和跑动路线。同时,在3人以上进攻时也能够理解队友的战术意图,并能给予有效的支持。

二、小组防守训练

（一）二对一防守

在二对一的小组防守中，保护运动员的选位非常重要，其交流技巧也十分关键。保护运动员为第一防守运动员提供协防就像接应运动员要为持球运动员进行支援一样，其首要职责就是要在选位后大声提醒第一防守运动员。一般来说，这种提示的目的是把有球进攻运动员逼向边路，甚至把进攻运动员逼向其非优势脚进攻的一侧。然后，保护运动员要在第一防守运动员实施抢断前给予提示，假如第一防守运动员抢断失败，保护运动员要随时做好继续给对手施加压力的准备。

当进攻运动员试图通过突破第一防守运动员来获得射门机会时，保护运动员要保持高度的注意力。假如进攻运动员在进入罚球区后仍然控制着球，保护运动员就需要考虑对其进行围堵，直接抢断球或者迫使对手在非常困难的情况下射门，降低其射门得分的几率。

当进攻运动员在球门一侧小角度切入时，保护运动员要占据对方切入的线路，并站在近门柱位置，抢球运动员要设法把对手逼向球门线，使其失去射门的角度。

当进攻运动员的进攻切入角度在 40°～60° 时，防守运动员的防守难度会增大，防守运动员要选择封堵对方的进攻路线与角度，如果不能及时解围，第一防守运动员就必须回撤保护近门柱，且保护运动员必须快速封堵传向中路或远门柱区域的球。防守运动员在防守的时候要保持高度的注意力，不能被进攻运动员突破或者逼近禁区，否则就有可能导致失分。

在防守训练中，还要培养运动员的回位跑意识。当第一防守运动员被突破，保护运动员马上要上前逼迫对手，完成协防。在二对一防守中，最危险的时刻就是位置转换时，一般来说，回跑补位运动员要迅速跑向本方球门,并回头观察是否需要进一步调整。在回跑过程中,运动员应该尽可能重新占据防守有利的位置,以便在对手射门前进行前迎封堵。如果回位运动员看到补位运动员已经充当了抢球运动员的角色且已经限制了进攻运动员,他就可以减速回到补位运动员的位置上。当附近有对方接应运动员时,补位运动员既要防守其他无球运动员,还要随时准备给紧逼运动员提供支持。

(二)二对二防守

在二对二防守时,保护运动员的角色变得更加复杂,他们要完成补位与盯防无球进攻运动员两项任务。当控球运动员在射门范围以外区域时,另一名进攻运动员会设法帮助控球运动员保持控球权,因此,通常保护运动员在球未进入射门范围之前可以把大部分注意力都集中在球上,他可以选择站位于抢球运动员身后靠近球门的一侧,选择的角度和距离既要考虑兼顾盯防运动员,也要考虑到一旦抢球运动员被突破能否迅速迎上给对手施加压力。

当进攻运动员有接应运动员时,保护运动员要确定该进攻运动员与球、球门之间的距离。防守运动员为了接近对方接应运动员而离开自己负责的协防位置是很危险的,如果接应运动员保持在运球运动员身后并与球有一定距离,补位运动员可暂时不考虑该接应运动员,而是把大部分注意力集中在协防上。如果第二进攻运动员前插或球进入了射门范围,补位运动员就必须紧盯接应运动员,甚至要冒险放弃他保护施压的运动员。

在决定是否保持盯人或继续充当保护运动员角色时,防守运动员必须考虑到控球运动员或接应运动员谁更具威胁。如果控球运动员明显处于一个更好的得分位置,补位运动员通常就要充当好保护协防运动员的角色;如果接应运动员明显在一个更好的得分区域(例如,持球运动员的射门角度很小,而接应运动员站在中路或移向中路时),保护运动员就必须移动到接应运动员准备接球/面对球门的一侧,并切断他的接应路线。当这种局面倾向性不明显时,他就需要基于队友的能力、对手的能力、守门员的能力以及其他因素做出选择。当无法作出明确的选择时,最佳的决策通常是盯防住中路的无球接应运动员,把持球运动员留给抢球运动员和守门员来防守。

（三）三对三防守

一般情况下,大部分球队在进行三对三对抗时会留下一个拖后的中卫作为防守中枢或保护运动员。三对三对抗时,在安排第三防守运动员时有下面三个基本的选择,如何选择主要取决于对手的技术水平。

最为冒险的选择是让第三防守运动员选择站在本方后防线与对方第三防守运动员之间。这样的选择有些冒险,因为进攻运动员与本方防守运动员形成了二对二的局面,因此失去了本方第三防守运动员的优势。不过,这样的选位相对更具进攻性,因为一旦本方获得控球权,第三防守运动员就可以在防线外围立即发动反击（这需要本方运动员突破一个对手后才能实现）。此外,这样的选位还可以牵制住进攻方中卫参与到进攻中。

最为保守的选择就是让第三防守运动员充当清道夫的角色。这样的站位解放了其他两位防守运动员,使他们可以对接应运动员实施贴身盯防。

第三个选择是这两种方法的混合,第三防守运动员成为了一个不固定的保护运动员,他可以在场地的不同区域活动,目的是为了形成以多防少的局面（这样的类型也称为自由人打法,意味着该运动员不受限制）。这种方法要求"自由人"要有较强的阅读比赛的能力,能够作出准确的预判,如果自由人的技术不是很好,那么,他就需要尽可能地全力积极奔跑（尤其当对手具有非常出色的短传配合时）。

在三对三对抗练习初期,一般常采取比较保守的方法,运动员在学会如何进攻与防守时需要花费较长的时间。教练员可以持续让运动员与不同的组合进行三对三对抗,在不断的对抗练习中,运动员就能慢慢增强自己的防守能力。

第五节　校园足球运动员游戏训练

一、运球游戏

(一)练习一

1. 练习内容与方法(图8-1)

(1)运动员●⊗2人一组看指导员手势做运球练习。

(2)两名运动员在2米的区间里直线运球结合运球转身。

(3)做左右脚交替运球。

(4)每次运球转身尝试用不同的方法。

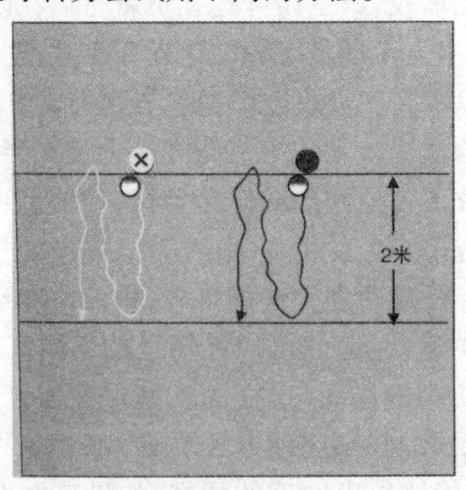

图8-1

2. 练习目的

(1)培养和提高运动员直线运球和运球转身的能力。

(2)培养运动员的柔韧、灵敏等素质。

（3）培养运动员勇于获取比赛胜利的心理品质。

（4）锻炼运动员的独立思维能力。

3. 练习场地

5米×5米的场地，设置一个2米宽的区域。

4. 练习人数

数名运动员。

5. 练习器材

足球数个、对抗服装若干件。

6. 练习要点

（1）游戏中要控制触球的力度。

（2）锻炼左右脚运球的能力。

（3）右脚运球转身举起左手（反之亦然）。

（4）游戏中应听从教练员的指示。

（二）练习二

1. 练习内容与方法（图8-2）

（1）运动员●⊗看指导员手势开始运球。

（2）●运动员运球，⊗运动员在身后追逐。

（3）●运动员运球20米后将球交给对面的⊗运动员，并绕到该运动员身后，然后⊗运动员运球，●运动员追逐，做循环练习。

2. 练习目的

（1）提高运动员直线快速运球技术。

（2）提高运动员运球摆脱的能力。

（3）提高运动员思维转换的速率，提高运动员的移动速度和动作速度。

（4）培养运动员争强好胜的心理品质。

（5）培养运动员参与足球训练的兴趣。

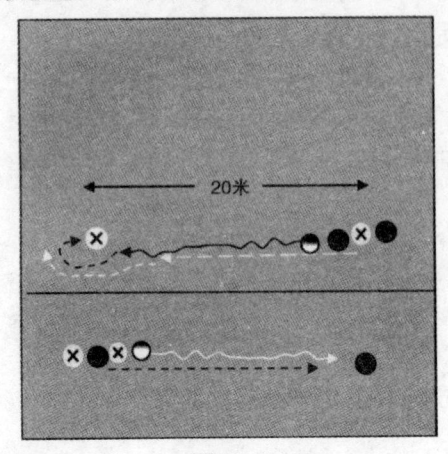

图 8-2

3. 练习场地

20 米 ×5 米的场地。

4. 练习人数

数名运动员。

5. 练习器材

足球数个、对抗服装若干件。

6. 练习要点

（1）控制好触球的力度。

（2）提高触球的质量，做到连停带走。

（3）运用远离防守运动员的脚运球。

（4）按教练指令做动作。

（5）接球运动员接球前应有反向移动。

（三）练习三

1. 练习内容与方法（图 8-3）

（1）运动员 ●⊗ 各两队看指导员手势开始运球。

（2）两队持球运动员同时运球到同伴接应点。

（3）接力比赛看哪组最先完成6人运球。

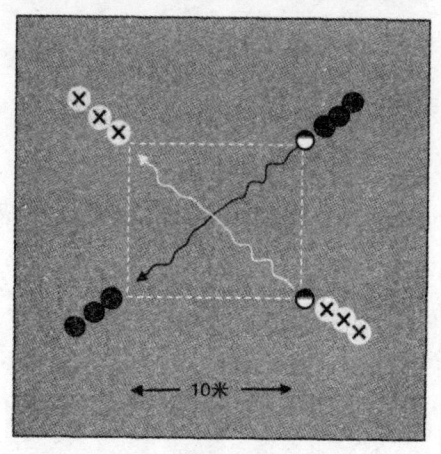

图 8-3

2. 练习目的

（1）提高运动员直线快速运球技术。

（2）提高运动员在高速运球中的变化能力。

（3）发展运动员速度、柔韧性、灵敏性和协调性及运球运动员的动作速度（运和接）。

3. 练习场地

10米×10米的场地。

4. 练习人数

数名运动员。

5. 练习器材

足球2个、红黄对抗服各6件。

6. 练习要点

（1）注意控制触球的力度。

（2）左右脚不同部位获得均衡的发展。

（3）观察对手的行动及距离，做好各种选择。

（4）按教练员指令进行游戏。

（四）练习四

1. 练习内容与方法（图8-4）

（1）运动员分成4队站在场地4个边的中点上。

（2）两队第一名运动员相向运球至场地中央标志物时，分别传球给其他两队运动员。

（3）传完球后跑动到对面站队。

（4）循环进行。

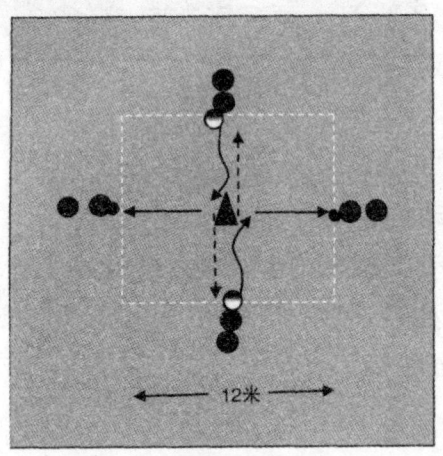

图8-4

2. 练习目的

（1）提高运动员直线快速运球技术。

（2）提高运动员运球和活动中传球的衔接能力。

（3）提高运球运动员的动作速度，以及传接球的协调能力。

3. 练习场地

12米×12米的场地。

4. 练习人数

数名运动员。

5. 练习器材

足球数个、标志物。

6. 练习要点

(1) 注意控制触球的力度。

(2) 从运球到传球衔接时支撑脚的位置在球的侧方两拳左右距离,且支撑脚膝部面对接球人。

(3) 传完球跑动要有加速。

(4) 游戏中要做好队友之间的呼应。

(五) 练习五

1. 练习内容与方法(图8-5)

(1) 运动员分成5⊗4● 两队站在场地两端。

(2) 做各种球感运球动作(拉、拨、踩等)。

(3) 听信号将球留在原地后跑到对方场地用手将球举过头顶。

(4) 练习3次后,变成5●4⊗。

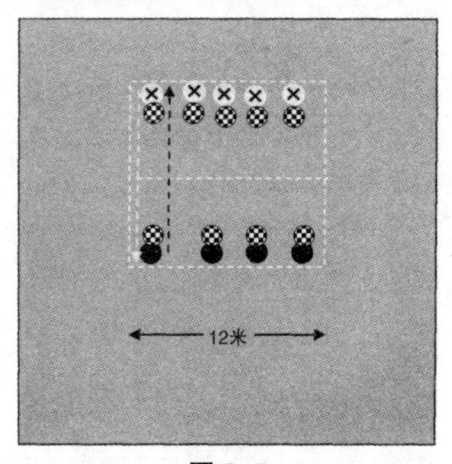

图8-5

2. 练习目的

(1) 提高运动员球感和运球能力。

(2) 培养运动员的速度、灵敏、柔韧等素质。

3. 练习场地

12米×12米的场地。

4. 练习人数

9名运动员。

5. 练习器材

足球9个、标志物、红黄对抗服各5件。

6. 练习要点

（1）注意控制触球的力度。

（2）注意力集中，动作迅速。

（3）左右脚不同部位的均衡发展。

（4）观察队友，密切配合。

（5）触球时身体重心要降低，保持身体平衡。

（六）练习六

1. 练习内容与方法（图8-6）

（1）运动员分成两队站在场地端线。

（2）看到信号后开始做折返运球。

（3）看谁折返运球先通过端线。

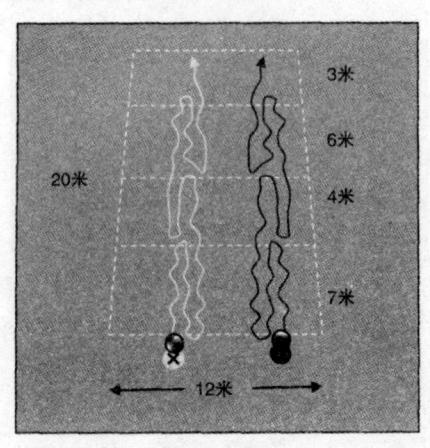

图8-6

2.练习目的

(1)提高运动员直线运球和转身变向能力。

(2)发展运动员的速度、柔韧性、灵敏性、协调性以及加速和减速能力。

3.练习场地

12米×20米的场地。

4.练习人数

数名运动员。

5.练习器材

足球2个、标志物、红黄对抗服若干件。

6.练习要点

(1)控制触球力度。

(2)转身时,向右转举左手,反之亦然,保持平衡。

(3)观察(接近折返标志线时注意减速)。

(4)转身时重心要降低(膝关节弯曲)。

(5)转动髋部。

(七)练习七

1.练习内容与方法(图8-7)

(1)运动员●⊗站在三角形场地不同边线上。

(2)看到信号后开始追逐运球。

(3)从起点到终点运球两圈结束。

(4)顺时针、逆时针都要练习。

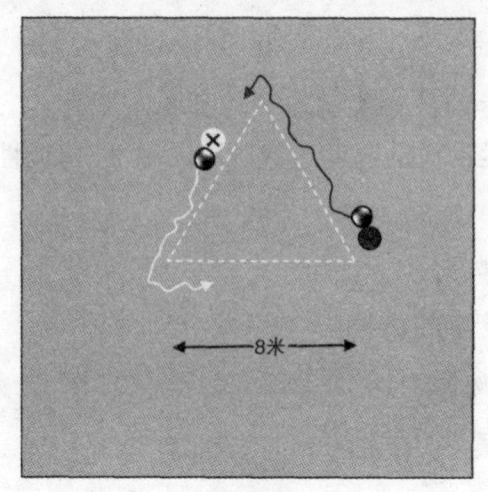

图 8-7

2. 练习目的

(1) 提高运动员直线运球和运球变向的能力。

(2) 发展运动员的速度、柔韧等素质,提高运动员运球过程中加速和减速的能力。

3. 练习场地

8 米的等边三角形。

4. 练习人数

数名运动员。

5. 练习器材

足球 2 个、标志物、对抗服装若干件。

6. 练习要点

(1) 控制触球力度。

(2) 重心降低。

(3) 速度。

(4) 平衡(右转举左手,左转举右手)。

(5) 支撑脚尽量离开球,并以此脚为轴,通过髋关节转动。

二、颠球游戏

（一）练习一

1. 练习内容与方法（图 8-8）

（1）每名运动员一个球。

（2）抛球开始一只脚正脚背颠球。

（3）每颠一个就用手接住。

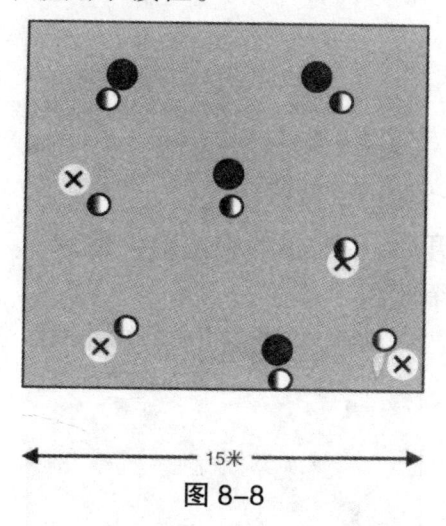

图 8-8

2. 练习目的

（1）培养运动员的球感。

（2）发展运动员的柔韧性、平衡性和协调性等素质。

3. 练习场地

15 米 ×15 米的场地。

4. 练习人数

8 名运动员。

5. 练习器材

足球8个、红黄对抗服各4件、标志物。

6. 练习要点

（1）触球的部位（下中部）。

（2）脚踝紧张、膝关节放松。

（3）不断调整步伐。

（4）保持注意力集中。

（5）要设定一定的训练目标。

（二）练习二

1. 练习内容与方法（图8-9）

（1）每名运动员一个球。

（2）手抛球开始，用大腿的中前部位颠球。

（3）每颠一个就用手接住。

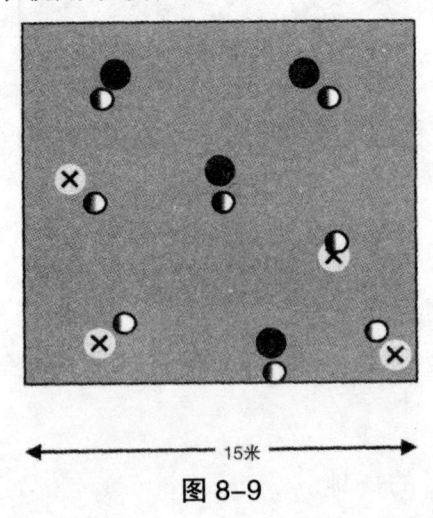

图8-9

2. 练习目的

（1）培养运动员的球感。

（2）发展运动员的柔韧性、平衡性和协调性。

3. 练习场地

15 米 ×15 米的场地。

4. 练习人数

8 名运动员。

5. 练习器材

足球 8 个、红黄对抗服各 4 件、标志物。

6. 练习要点

（1）触球部位要准确（球的下中部、大腿面中部）。
（2）大腿抬平，大腿面肌肉紧张。
（3）不断调整步伐。
（4）颠球的力度要适合。

(三) 练习三

1. 练习内容与方法（图 8-10）

（1）每名运动员一个球。
（2）用手抛球开始颠球。
（3）每颠一个就用手接住。

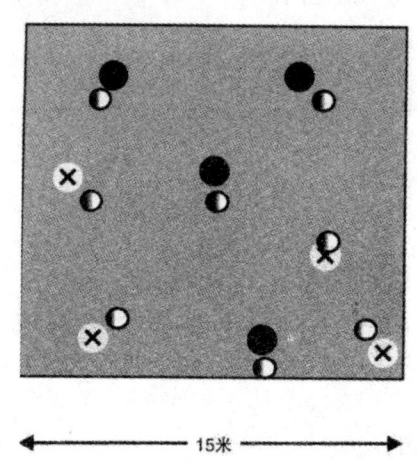

图 8-10

2. 练习目的

（1）培养运动员的球感。

（2）发展运动员的柔韧性、平衡性和协调性等体能素质。

3. 练习场地

15米×15米的场地。

4. 练习人数

数名运动员。

5. 练习器材

足球8个、红黄对抗服各4件、标志物。

6. 练习要点

（1）触球的部位（下中部）。

（2）前额触球，颈部肌肉紧张。

（3）双脚分开、头后仰、双臂向后张开。

（4）髋关节、膝关节、踝关节振动。

(四) 练习四

1. 练习内容与方法（图8-11）

（1）球落地一次每人用脚背正面颠球一次，依次颠球。

（2）4个人都颠到球后，快速跑向对面端线，看哪组先到对面的端线。

2. 练习目的

（1）培养运动员的球感。

（2）发展运动员的柔韧性、平衡性和协调性。

3. 练习场地

15米×15米的场地。

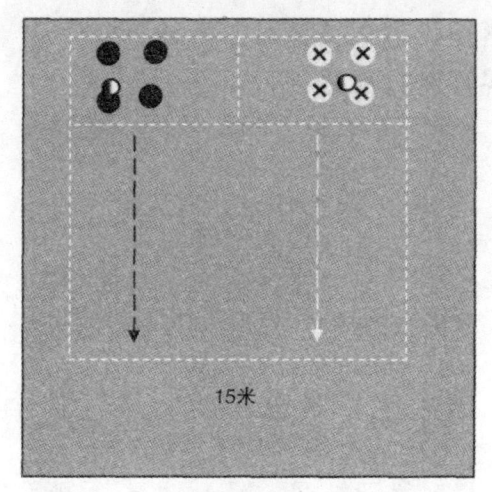

图 8-11

4. 练习人数

8 名运动员。

5. 练习器材

足球 8 个、红黄对抗服各 4 件、标志物。

6. 练习要点

(1)触球的部位(下中部)。

(2)注意颠球的力度要合适。

(3)要考虑同伴的位置。

(4)不断调整颠球中的步伐。

(5)互相协助,反应迅速。

(五)练习五

1. 练习内容与方法(图 8-12)

(1)在方块内画一条中线将场地分为两个区域。

(2)每名运动员留在自己的区域。

(3)球可以在各自区域落地一次,之后必须将球颠到对方区域。

（4）颠球落地弹跳 2 次算对方得分。
（5）球出界算对方得分。

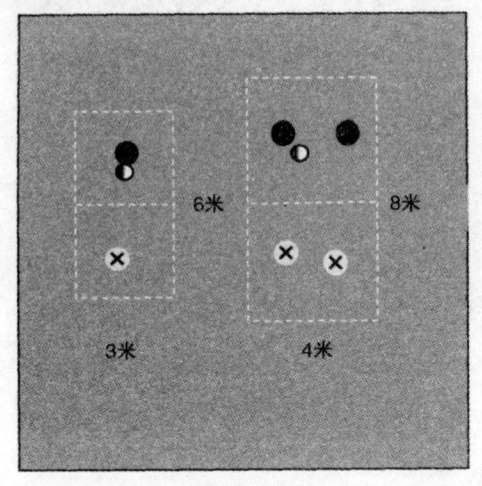

图 8-12

2. 练习目的

（1）培养运动员的球感。

（2）发展运动员的柔韧性、平衡性和协调性。

3. 练习场地

3 米 ×6 米、4 米 ×8 米的场地。

4. 练习人数

数名运动员。

5. 练习器材

足球数个、红黄对抗服若干件、标志物。

6. 练习要点

（1）把握触球的部位和力度。

（2）观察对手位置。

（3）不断调整颠球的步伐。

三、传控球游戏

(一)练习一

1. 练习内容与方法(图8-13)

(1)在10米×10米方块场地内做1抢3练习。

(2)从●抛地面球开始(⊗防守运动员可以用任意部位防守)。

(3)⊗运动员抢断2次成功,第二次失误进攻队员互换角色继续练习。

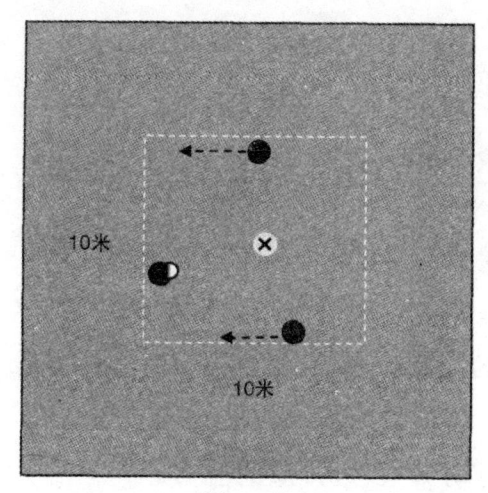

图8-13

2. 练习目的

(1)培养运动员的接应能力。

(2)发展运动员的速度、灵敏性和协调性等素质。

(3)培养运动员传控球中相互支持、协助的能力。

3. 练习场地

10米×10米的场地。

4. 练习人数

4名运动员。

5. 练习器材

足球数个、红黄对抗服若干件、标志物。

6. 练习要点

（1）位置（到防守运动员左、右侧去接应）。

（2）姿势（面向场地、更开阔的视野）。

（3）节奏（突然改变速度）。

（4）角度（在防守运动员防守范围以外）。

（5）交流（语言和肢体的交流）。

（二）练习二

1. 练习内容与方法（图8-14）

（1）在15米×15米方块场地内3抢5。

（2）用手抛地面球开始（防守运动员可以用任意部位防守）。

（3）进攻运动员失误就和防守抢断成功运动员互换。

2. 练习目的

（1）让运动员理解何谓接应。

（2）培养运动员远、近接应的能力。

（3）发展运动员的速度、灵敏性和协调性。

（4）培养运动员传控球中相互支持、协助的能力。

3. 练习场地

15米×15米的场地。

4. 练习人数

8名运动员。

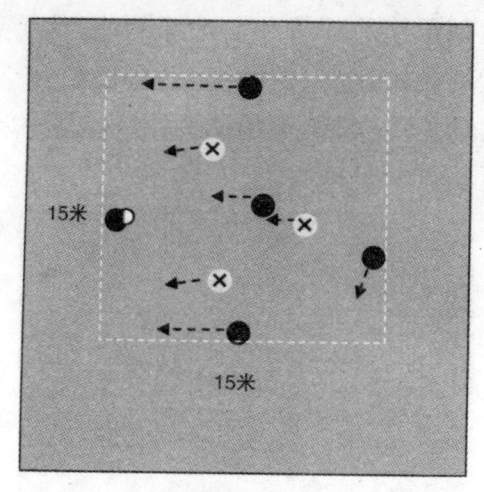

图 8-14

5. 练习器材

足球数个、红黄对抗服若干件、标志物。

6. 练习要点

（1）位置（到防守运动员左、右和中间，远、近端去接应）。

（2）姿势（面向场地、更开阔的视野）。

（3）节奏（突然改变速度）。

（4）角度（在防守运动员防守范围以外）。

（5）交流。

（三）练习三

1. 练习内容与方法（图 8-15）

（1）在 10 米 ×10 米的场地内进行控球练习。

（2）运动员分两组，每组第一名运动员全速跑到场地端线标志物处绕回接同组第二名运动员的地面传球。

（3）用脚底、脚内侧、脚背外侧等部位控球。

2. 练习目的

（1）帮助运动员正确理解控球。

（2）培养运动员接地面球和空中球的能力。

（3）发展运动员的速度、灵敏性和协调性。

（4）培养运动员短、长传球的能力。

（5）培养运动员的足球兴趣。

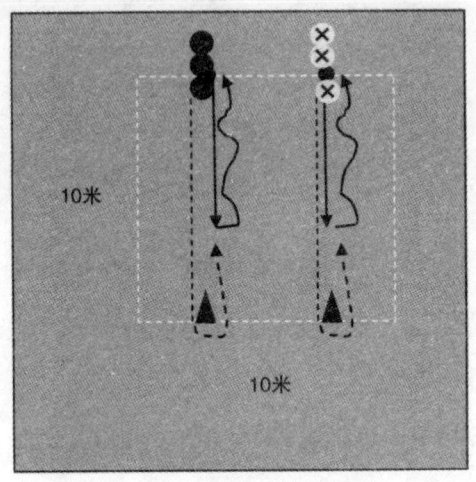

图 8-15

3. 练习场地

10 米 ×10 米的场地。

4. 练习人数

6 名运动员

5. 练习器材

足球数个、对抗服装若干件、标志物。

四、传球游戏

（一）练习一

1. 练习内容与方法（图 8-16）

（1）在 10 米 ×10 米场地内进行短传球练习。

（2）3～6 名运动员相距 5～8 米相互传滚地球。

第八章 校园足球运动员系统训练研究

（3）球穿过两标志物,两标志物距 2～5 米。

（4）传球运动员跑到对面。

（5）用脚内侧、脚背正面、脚背外侧等部位触球,两只脚都要练习。

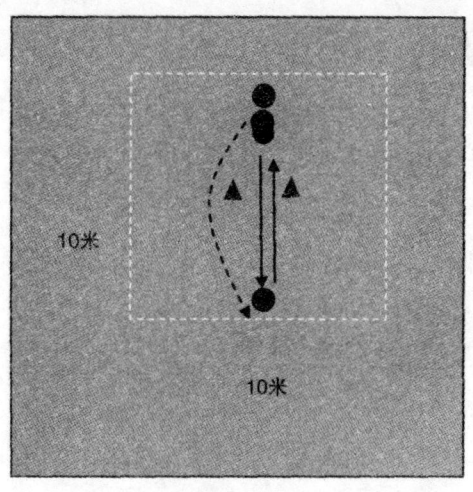

图 8-16

2. 练习目的

（1）提高运动员短传球技术的准确性。

（2）发展运动员的速度、灵敏性和协调性。

3. 练习场地

10 米 ×10 米的场地。

4. 练习人数

3～6 名运动员。

5. 练习器材

足球数个、标志物。

6. 练习要点

（1）传球要尽量准确无误。

（2）助跑方向与出球方向一致。

（3）触球时脚内侧要对准目标,踝关节紧张,头部稳定,触球的中部。

（4）触球后,踢球腿跟随传球的方向一致。

（二）练习二

1. 练习内容与方法（图 8-17）

（1）在 10 米 ×10 米方块内,4 名队员做传球练习。

（2）一次传球到脚下,另一次到空当。

（3）可两次触球,两只脚都要练习。

（4）用脚内侧、脚背正面、脚背外侧等部位触球。

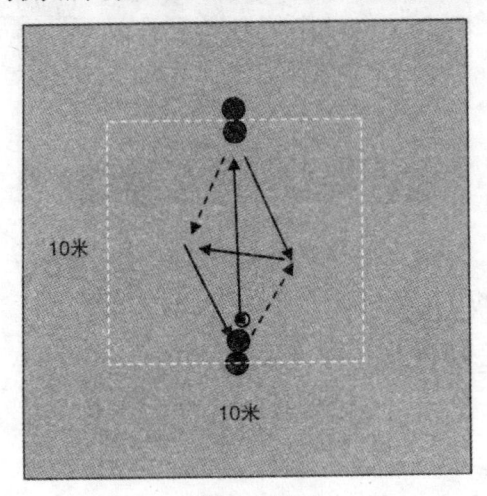

图 8-17

2. 练习目的

（1）提高运动员短传球技术的准确性。

（2）发展运动员的柔韧性、灵敏性和协测性。

3. 练习场地

10 米 ×10 米的场地。

4. 练习人数

数名运动员。

5. 练习器材

足球数个、标志物。

6. 练习要点

（1）传球部位要掌握准确。

（2）球要分别传到同伴脚下和空当。

（3）触球时,触球脚的部位要对准目标。

（4）踝关节紧张。

（5）触球的中部。

（6）做墙的运动员用远离防守运动员的脚进行传球。

（三）练习三

1. 练习内容与方法（图 8-18）

（1）运动员距离圆圈 20 米处长传。

（2）看球落在哪个圆圈之中。

（3）落在不同的颜色圆圈中获得不同的分值。

（4）左右脚都要练习、踢不同形式滚动的球。

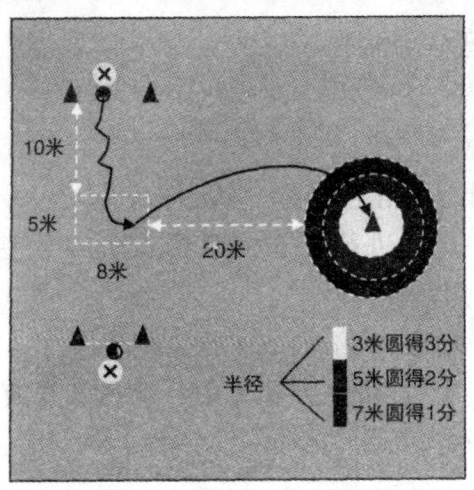

图 8-18

2. 练习目的

（1）提高运动员的长传球技术。

（2）发展运动员的速度、柔韧性、灵敏性、协调性和力量等素质。

3. 练习场地

30 米×30 米的场地,设置 3 个半径为 3、5、7 米的同心圆。

4. 练习人数

数名运动员。

5. 练习器材

足球数个、标志物。

6. 练习要点

（1）角度（斜线助跑,身体同球保持一定角度）。

（2）脚的部位（趾骨触球,脚尖外指,脚踝用力）。

（3）球的部位（踢球的中下部）。

（4）支撑脚（处于球侧后方）。

（5）摆腿（大腿带动小腿,触球后随前摆动）。

（四）练习四

1. 练习内容与方法（图 8-19）

（1）运动员分成红、黄、蓝 3 队,每队 3 人。

（2）在一块场地进行 1 抢 3 练习,传球 3 次后长传到另外场区,中间运动员拦截。

（3）在另外场区,重新形成 1 抢 3 局面。

（4）抢到 3 次后,防守方和其中一颜色队互换角色。

（5）循环练习。

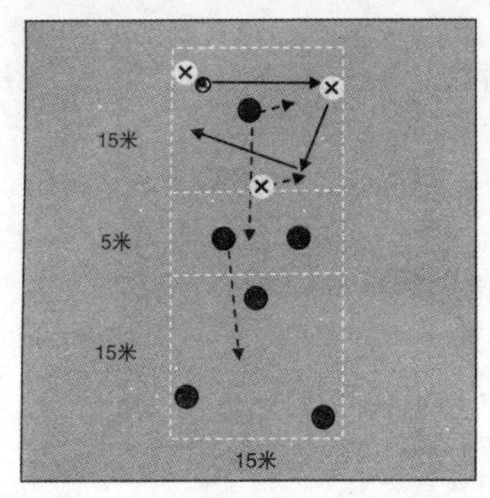

图 8-19

2. 练习目的

(1) 培养和提高运动员的长传球水平。

(2) 发展运动员的速度、柔韧性、灵敏、力量等身体素质。

(3) 激发运动员足球训练的兴趣。

3. 练习场地

15 米×35 米的场地。

4. 练习人数

9 名运动员。

5. 练习器材

足球 1 个、标志物。

6. 练习要点

(1) 创造和利用空间(跑到选好的传球位置)。

(2) 第一次触球质量(将球传、控到空当)。

(3) 观察(抬头看准目标)。

五、射门游戏

（一）练习一

1. 练习内容与方法（图 8-20）

（1）●⊗运动员分成两队。

（2）每人一球，在中线站队。

（3）推出球后射门。

（4）左右脚都要练习。

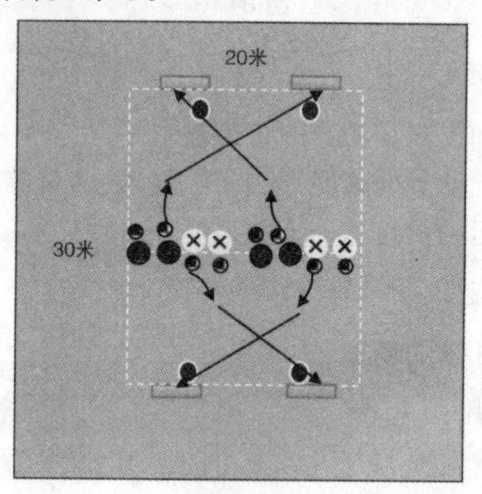

图 8-20

2. 练习目的

（1）提高运动员的射门技术。

（2）发展运动员的速度、柔韧性、灵敏性、协调性和力量等素质。

3. 练习场地

20 米 × 30 米的场地。

4. 练习人数

数名运动员。

5. 练习器材

足球数个、3米球门4个、红黄对抗服若干件。

6. 练习要点

（1）射门前观察好球门和守门员位置。

（2）射门要把握准确性。

（3）射低球（踢球的中部，用脚背击球，低头，上身屈体）。

（4）力度（大腿带动小腿，小腿摆动快，触球后随前摆动）。

（二）练习二

1. 练习内容与方法（图8-21）

（1）运动员●⊗分成两队，一红一黄（黄队在另外半场）。

（2）左、右边路各一人运球3～5米后倒三角传球，中间两人包抄射门。

（3）射近门柱。

（4）左边练习后换到右边。

（5）两块场地同时进行。

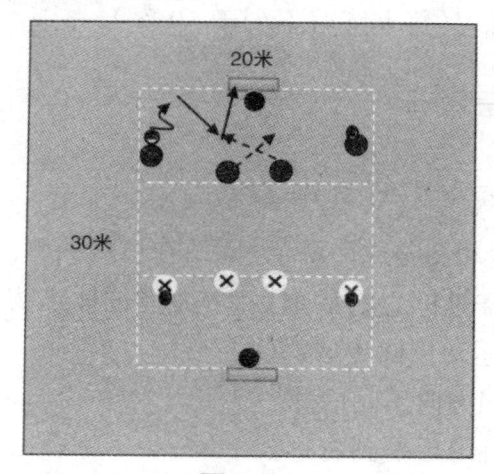

图8-21

2. 练习目的

（1）发展运动员接边路传球后包抄射门技术。

（2）发展运动员的速度、柔韧性、灵敏性、协调性和力量等素质。

3. 练习场地

30米×20米的场地。

4. 练习人数

数名运动员。

5. 练习器材

足球数个、3米球门2个、红黄对抗服若干件。

6. 练习要点

（1）准确（接左边的球用左脚推射，反之亦然）。

（2）角度（近角）。

（3）时机（当传中运动员抬头观察时，包抄运动员开始抢点）。

（4）力度（触球前有个加速）。

（5）补射（进攻运动员射门后补射）。

（6）重复练习（每人练习不少于50次）。

（三）练习三

1. 练习内容与方法（图8-22）

（1）●⊗运动员分成两队，分别站在球门两侧。

（2）●为绕过标志物后射门，⊗为绕过标志物后传球到端线运动员并接该运动员回传球射门。

（3）踢不同方向滚动的球。

（4）左边练习后换到右边。

（5）两块场地可同时进行。

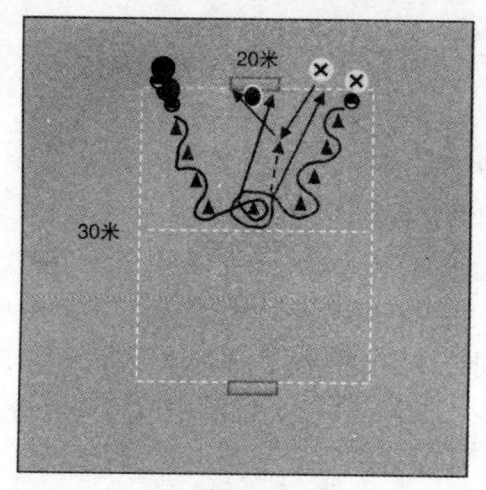

第八章 校园足球运动员系统训练研究

图 8-22

2. 练习目的

（1）提高运动员接受来自不同滚动方向的球的射门技术。

（2）发展运动员的速度、柔韧性、灵敏性、协调性和力量等素质。

3. 练习场地

30米×20米的场地。

4. 练习人数

数名运动员。

5. 练习器材

足球数个、3米球门2个（或用标志物做门,部分运动员在门后捡球）。

6. 练习要点

（1）观察（保持抬头姿势,射门前观察好球门和守门员位置）。

（2）准确（可先用脚内侧推射,逐步过渡到脚背正面射门）。

（3）射低球（踢球的中部,用脚背击球,低头,上身屈体）。

（4）力度（大腿带动小腿,小腿摆动快,触球后随前摆动）。

（5）重复练习（每人练习不少于50次）。

(四)练习四

1. 练习内容与方法(图 8-23)

(1)运动员⊗分成红黄两队。

(2)红队运动员距离球门 5～8 米面向站立,一运动员传球给另一组同伴,另一组运动员回传,该运动员迎球射门。

(3)踢不同方向滚动的球:向前滚动、向侧滚动、向后滚动。

(4)左边练习后换到右边,两块场地可同时进行。

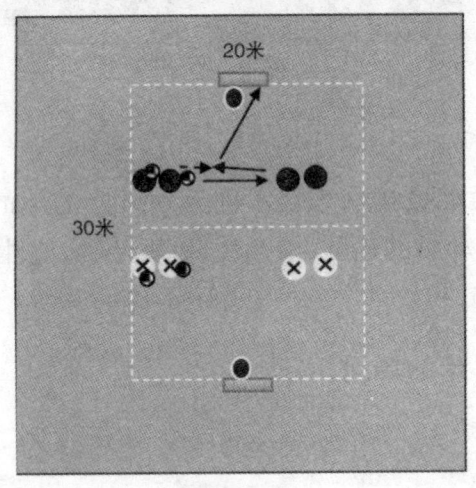

图 8-23

2. 练习目的

(1)提高运动员面对横向来球的射门技术。

(2)发展运动员的速度、柔韧性、灵敏性、协调性和力量等素质。

3. 练习场地

30 米 ×20 米的场地。

4. 练习人数

数名运动员。

5. 练习器材

足球数个、3 米球门 2 个(或用标志物做门,部分运动员在门后捡球)。

6. 练习要点

（1）观察（保持抬头姿势，射门前观察好球门和守门员位置）。

（2）准确（先用脚弓推射，逐步用内脚背和脚背正面射门，触球前最后一步支撑脚稍微在球前）。

（3）射远角（踢球的中外部，用脚背内侧击球）。

（4）力度（大腿带动小腿，小腿摆动快，触球后随前摆动）。

（5）补射（射门运动员跟进补射）。

（6）重复性（每人练习不少于50次）。

参考文献

[1] 张力为,毛志雄. 运动心理学 [M]. 北京:高等教育出版社, 2011.

[2] 石磊,葛新发. 运动选材概论 [M]. 济南:山东人民出版社, 2009.

[3] 余竹生. 运动员科学选材 [M]. 上海:上海中医药大学出版社, 2006.

[4] 何志林. 足球教学训练工作指南 [M]. 北京:人民体育出版社, 2010.

[5] 黄竹杭,王方. 足球训练设计 [M]. 北京:高等教育出版社, 2010.

[6] 堀井岳也. 最新足球战术图解 [M]. 长沙:湖南科学技术出版社, 2015.

[7] 王崇喜. 球类运动:足球(第3版)[M]. 北京:高等教育出版社, 2015.

[8] 蒋健保. 现代足球 [M]. 上海:上海交通大学出版社, 2015.

[9] 孙文新,侯会生. 现代女子足球科学化训练理论与实践 [M]. 北京:北京体育大学出版社, 2009.

[10] 庄小凤,沈建华. 校园足球 [M]. 上海:上海教育出版社, 2014.

[11] 王炜华,刘兵,国辉. 校园足球运动 [M]. 长春:吉林大学出版社, 2013.

[12] 王俊奇. 足球文化概论[M]. 北京：北京体育大学出版社，2010.

[13] 龚波. 我国职业足球运动员体能训练研究[J]. 体育科学，2005（10）.

[14] 陈烨青. 我国校园足球运动发展的SWOT分析[J]. 体育科技文献通报，2018（8）.

[15] 李元，张生杰. 中国青少年足球后备人才培养模式研究[J]. 体育文化导刊，2012（6）.

[16] 鱼海波. 足球运动心理素质训练的再认识[J]. 鸭绿江（下半月刊），2015（9）.

[17] 郭旭峰. 体育教育专业足球普修课教学内容体系的研究[D]. 河南大学，2003.

[18] 张洪瑞. 探析校园足球可持续发展对中国足球的重要性[D]. 山东大学，2013.

[19] 韩成祥，布特. 校园足球研究述评[J]. 体育研究与教育，2015（5）.

[20] 李晨. 我国校园足球制度建设研究[D]. 陕西师范大学，2018.

[21] 毕京坤. 上海市青少年校园足球活动指导员培训研究[D]. 上海体育学院，2011.

[22] 茅鹏. 论足球技术训练[J]. 体育与科学，2014（5）.

[23] 刘聪，林君. 基于校园足球角度培养基层足球教学者的途径及方法[J]. 运动，2015（6）.

[24] 潘裕民. 教师专业发展的理论取向与实现路径[M]. 桂林：广西师范大学出版社，2013.

[25] 李克栋. 我国足球运动员培养模式与人才质量的研究[J]. 兰州交通大学学报，2009（5）.

[26] 罗建钢. 中国足球运动员技术能力分析及对青少年足球技术训练的启示[J]. 青少年体育，2012（2）.

[27] 贾炳涛,颜乾勇.校园足球可持续发展的SWOT分析与战略构想[J].中国学校体育,2017(3).

[28] 李继霞.全国青少年校园足球活动发展战略研究[D].上海体育学院,2012.

[29] 黄冠铭.长春市高校足球文化建设的研究[D].吉林体育学院,2014.